生命，因**閱讀**而**大好**

律師娘教妳重新定位自己，
創造額外收入，打破人生天花板

主婦的斜槓人生

林靜如（律師娘）／著

主婦的疑難雜症，就在這裡解決！

Q1 帶孩子已經讓我筋疲力盡，我該如何撥出時間自我成長？

Q2 家庭跟事業如何兼顧與平衡？

Q3 我什麼都不會，要怎麼開始第一個斜槓？

Q4 每天那麼忙，要如何做好時間管理？

Q5 如果家人不能體諒我的工作，我應該放棄嗎？

Q6 要怎麼找到自己有熱情或有興趣的事呢？

Q7 我喜歡做的事好像沒辦法賺錢，怎麼辦？

Q8 斜槓一段時間都沒有成果，該堅持下去嗎？

Q9 創業就是當負責人，擁有一間辦公室嗎？

Q10 斜槓的目的，應該是為了錢還是成就感呢？

Q11 當全職媽媽有什麼壞處嗎？

Q12 成功斜槓的關鍵是什麼？

Q13 怎麼選擇經營的平台，如何行銷？

Q14 該去上課嗎？上什麼樣的課？

Q15 個人品牌要如何建立？

Q16 我是個害羞內向的人，適合斜槓嗎？

Q17 家人不能給我後援，我該如何尋求協助？

Q18 創業需要資金，我錢不夠怎麼辦？

Q19 斜槓就是兼很多差的意思嗎？

Q20 斜槓需要哪些基本的技能？

Q21 怎麼觀察趨勢？需要跟上潮流嗎？

Q22 我要參加社團嗎？社交會不會花時間？有效嗎？

Q23 我需要聘請人嗎？還是自己做比較省錢？

Q24 斜槓一定要會網路行銷嗎？不會寫文案怎麼辦？

Q25 有沒有可以一邊帶孩子一邊工作的斜槓事業？

Q26 學歷重要嗎？需要去進修嗎？

Q27 怎麼做財務管理？如何理財？

Q28 有快速成功的方程式嗎？

Q29 如何找出適合自己的創業構想？

Q30 上班族媽媽也可以斜槓嗎？

前言／

不認輸的主婦氣概

二〇一四年底的我，某一天坐在老公的律師事務所辦公室裡，收到改變我人生的一張傳真。

那是律師公會發給律師們的在職進修課程通知，上面寫著「律師推廣業務網路行銷課程」之類的字樣。當時的我，剛結束三年的全職媽媽生涯不久，把三歲的兒子送去上幼兒園，跟著剛出來開業的老公一起經營律師事務所。雖說是經營，但充其量，我就是個什麼都做的打雜助理，又因為跟老公是大學法律系的同班同學，所以寫狀紙、研究法律問題對我來說也不困難；甚至，有時候在當事人跟法官都同意的狀況下，我還開了幾次庭。

我的人生，在很長的一段時光裡都是圍著老公打轉。就連開始經營這個後來聲名遠播的粉絲專頁，也是因為想說對老公的事業或許會有所幫助。「律

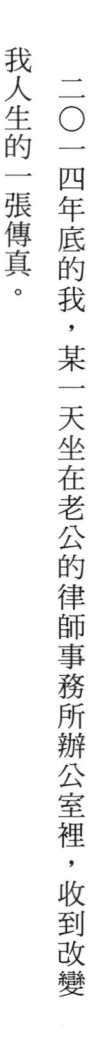

師娘講悄悄話」這七個字，就說盡了我七年的網紅生活，在那堂我人生轉折點的網路行銷課程中，我用這七個字，當成我的Facebook粉絲專頁的名稱，也確立了我用一個律師太太的身分，面對許多陌生人，說一些我想說的話的「行銷定位」——也是從這時候開始，我的小宇宙裡，不再只有老公和小孩。

我必須很認真地跟三十幾萬加入我網路生活的人澄清，很多人都說，我的律師老公真是有福氣，上輩子燒了好粗的一炷香，才娶到我這麼有幫夫運的老婆。其實，了解我老公的人就懂，像他這麼有才華又愛面子還帶點傳統沙文主義思維的男人，要包容一個網紅老婆，也是得使出洪荒之力的勇氣與決心，還要有如滔滔江水、連綿不絕，又有如黃河氾濫，一發不可收拾的愛啊！

這幾年來，我從一隻躲在他身後的小綿羊，跳出舒適圈，闖蕩在可能有許多大野狼的叢林裡。其實，真的不是我勇敢，只是我骨子裡一直都是個社會學不及格的主婦，不知道人際互動中藏了多少潛在的風險，傻傻地向前行。我猜，從我成立粉專以來的種種歷練，應該讓我老公捏的冷汗，可以裝滿一個大浴缸了。

意料之外的機會來了——但，我有能力嗎？

「從全職媽媽意外成為作家，從作家意外成為廣播主持人，從主持人意外成為娘子軍的女頭目，我的人生是一連串意外，推著我走的，是不認輸的主婦氣概。」

這是我近兩年放在個人臉書專頁上一段關於我的文字，簡單道盡了我成立粉專將近七年的生活。最一開始，因為把跟老公一起在律師事務所工作接觸到的法律知識，透過說故事的方式，寫給跟我差不多年紀與處境的女性閱讀；沒想到才兩個多月，就在粉專後台收到出版社的私訊，希望把我寫的文章集結起來，出版成書。現在回想起來，我依舊記得當時的震驚。

一個大學法律系畢業就跟著男朋友開火鍋店、擺薯條攤的老闆娘，不要說寫作了，畢業後就連書都沒看幾本，怎麼會有機會出書、成為作家呢？姑且不論我自己活了三十幾年沒想到，就連父母、老公、朋友應該也覺得出版社究竟是看上我的文字哪一點？

「她不就是個小孩帶不好，做家事也不及格的半吊子主婦而已嗎？有人想看她寫的東西嗎？」我猜，當我告訴老公這件事情時，他心裡應該是這麼想的吧？

想擁有不一樣的生活——但，我有時間嗎？

其實，先不說有沒有人想看，我有沒有能力寫也是個問題。那個時候，大兒子三歲多，我每天七點起床，先煮早餐，準備送他上學，然後到老公開的律師事務所開始上班。跟我一樣、與老公一起白手起家的女性們，一定了解當老公創業的助手有多辛苦跟心酸，舉凡老公不做的，妳通通得做——好比我，打開事務所的門後，整理環境、打掃廁所、打開電腦，就開始一天的接電話、寫狀紙、影印、聯絡廠商、接待客戶、寄信……N樣五分鐘跟五十分鐘得完成的事情，塞滿了一天的行程。當妳忙得昏天暗地時，老公跑完外面的業務回來就會說：「妳辛苦了，有妳真好。」——當然不是啊！而是「我交代妳的什麼什麼事妳怎麼沒做？妳整天在辦公室都在忙些什麼啊？」

我當然是在忙你數落我沒做以外的其他N件事啊！

問題是，我們連跟老公吵架都沒時間，小孩要下課了，辦公室電話轉接到手機，就趕著去接孩子回家、煮晚餐。媽媽們都捨不得孩子吃外食，甚至連食材都挑剔，我還記得，為了替全家的食安把關，當時我常常趁假日去買主婦聯盟的菜呢。

吃完晚餐洗完碗、幫小孩洗澡、陪老公說說話，看一、二個電視節目（通常不是老公想看的，就是小孩愛看的），就趕快要哄小孩上床睡覺。等孩子和老公開始打呼以後，明明很累，還要爬起來洗衣服、掃地拖地。夜深了，妳都不知道該把握難得屬於自己的時光，還是趕快去睡美容覺——免得把自己搞得像黃臉婆一樣，還得擔心老公在外面會不會看上哪個美麗的小三。

這就是我們女人啊！明明每天在網路上看到那麼多叫我們要愛自己的文章，偏偏我們就是死心塌地愛著自己心中最珍貴的資產——家人。

不過，我也必須坦承，現在的我已今非昔比。畢竟身扛許多以前當家庭主婦以外的責任、四十歲意外有了第二胎女兒貝貝，還歷經可怕產後憂鬱症的我，開始懂得把家務外包，讓自己可以一邊當半職主婦，一邊做自己想做的事情。現在的我生活非常地精彩，不但能享受陪伴小孩的樂趣，家務也有人幫忙分擔，甚至以往大男人主義的老公，也常常說「碗放著讓我洗」，昨晚還下廚做了一道豆腐蒸魚給我吃……天啊！要是跟七年前的我說「妳會擁有這樣幸福美滿的生活」，我是絕對不會相信的。

媽媽，不只是媽媽——斜槓主婦的時間管理

哎呀，我說遠了。剛剛談到，我到底哪來的時間寫書呢？我還記得和出版社談好合作第一本書的時候，我想了半天，唯二可能讓我寫作的時間，就是深夜跟清晨——不是晚上十一點多全家睡覺、我做完家事以後，就是早上五點大家都還在睡覺的時候，沒有別的選擇。

於是，在那之後的三年，我陸陸續續和不同出版社合作了五本書，都是在半夜或者是清晨寫出來的。而且，又因為當時出版社的邀約密集，白天經營粉專也有不少合作要執行，我就嚴格規範自己，每天寫兩千多個字，一本書七萬多字，不用兩個月就可以完成。比起現在常拖出版社書稿、專欄稿，當時的我真的是意志力驚人。

此外，經營粉絲團最花時間的，就是要回覆粉專後台的提問。曾經，連同當時我幫事務所經營到追蹤人數三萬多人的 LINE@ 帳號，我一天之內至少會回覆上百個網友的提問。

或許真的是把自己逼到盡頭了，在生完第二胎女兒貝貝後，因為生活中發生一些事故，各種壓力席捲而來，加上新生兒晚上的哭鬧讓我睡眠不足、產後荷爾蒙分泌的問題，一向被認為正能量爆表的我，竟罹患了產後憂鬱症；而且在行為脫序了大半年之後，才被家人發現、帶我就醫，服了半年的藥，病情才得到好轉。

憂鬱症這件事對我的人生影響很大，因為它，我花了很多時間，也用了很多方法，去了解與探索自我，重新思考我過去幾年的忙碌，究竟是想追求什麼？往後，我又想要成為什麼樣的人？

一直有在追蹤我動態的人應該知道，我除了已經掛在身上的斜槓身分：作家／講師／主持人／娘子軍女性學習成長平台創辦人之外，最近還跟老公新創了一個餐飲品牌「大狀廚房」，搭上現在美食外送的熱潮，也一併兼營了時髦的私宅餐廳，與歷久不衰的冷凍食品宅配。最近遇到朋友都被問，妳們的水煮牛醬汁賣得好好，我可以買一包嗎？

哈哈，這就是我律師娘，也是林靜如，準備斜槓一輩子的人生中繼站。於是，出版社又來找我了——這次，不寫法律，不寫婚姻，寫的是我的斜槓主婦時間管理術，來跟我一樣具有多重身分與責任的媽媽們分享，我是怎麼同時當女兒、當媽媽、當太太、當老闆娘、當創業家……不說了，女兒起床叫我，我得去泡ㄋㄟㄋㄟ了，且看我接下來一步步的分享吧！

Contents

輯一 不管幾歲，妳的未來，都有無限可能！

輯二 開始妳的斜槓！從時間管理&轉變思維挑戰

輯三　順應時代潮流，打造品牌&創造獲利，擁抱新人生！

Start！

如何開始妳的主婦斜槓人生

這幾年在老公的律師事務所工作接觸到的案件當中，最有感的就是當全職主婦的太太遇到老公外遇要離婚，頓時經濟陷入困境，連養小孩、打官司的錢都沒有著落，也因此，我興起想要創立一個斜槓主婦資源整合平台（就是後來的「娘子軍」）的念頭。

通常，在生完小孩後選擇當全職媽媽的女性，多數是先前本來就不是擁有高收入職業的女性，評估過請保母的費用後，覺得生兩個小孩的話，還不如自己顧比較划算。當然，也有不少純粹就是愛陪小孩的媽媽，並沒有考慮到職涯的中斷，而願意先等孩子長大再打算。

所以，我很容易遇到主婦們來問我，如果想要邊帶小孩邊兼點副業、賺個零用錢，又沒有特殊的技能，可以斜槓做些什麼？

其實，講到斜槓的概念，並不是要大家多賺點外快，多兼幾份差，把自己累得要死。相反來說，是要妳好好過生活，想一想能不能邊玩樂邊賺錢，做的都是自己喜歡做的事。

對生活中都是瑣事、雜事的主婦來說，這真的是太難，因為主婦們應該都有個感受，就是時間永遠不夠用，事情永遠都做不完。

這我完全能夠理解，因為我就是從二十四小時陪少爺的全職媽媽，到八小時幫老公、八小時陪少爺的職業婦女，再到二十四小時當四十八小時用的斜槓主婦。

首先，要給想斜槓的主婦們一個觀念，就是一定要破除「所有家務事都是自己的責任」的迷思。很多媽媽因為沒有在外賺錢，就家事、家務一手包，只要家人不做的、交代做的，甚至是沒想到要做的，通通攬在身上；要開口請家人幫忙，別人還沒拒絕，自己就先心生愧疚。

沒有在外面工作賺錢，不代表妳不能夠或不配做自己想做的事，台灣雖然離「家務有給制」的實際執行還遙遙無期，但主婦們自己要先有堅強的意志，生活中除了家務，一定要爭取一些時間做自己想做的事，不管是請家人代勞、外包給專業，或是放著讓家事做不好都可以，然後培養自己的興趣和技能。

這幾年其實學歷與收入已經越來越脫離干係，許多直播主或搭著網路社群起飛的微型創業家，都賺得比大學、碩士畢業生還高得多，這對想要斜槓的主婦來說，真的是一項利多。

但是，我絕對不建議主婦們用犧牲睡眠來換取時間。曾經，我也為了成長跟進步、想做更多的事，一天只睡五個小時，但是，卻讓自己的精神跟體力都被拖垮，反而造成家人的負擔。

要更聰明地使用妳的時間，就必須一心二用，一魚二吃。一邊做家事，一邊聽線上課程；一邊看影集，一邊學英文；甚至搭捷運的十幾分鐘、等公車的五分鐘，都可以拿來看網路文章或聽 Podcast 了解趨勢。

或許，就可以從中參考，別人都在做什麼，有沒有妳能夠做的。

由於主婦們通常都會被小孩上下學的時間綁住，所以，我自己是特別盤算過，才沒有在小孩上學後，選擇去外面上班。

有些人可能會想說，妳不是在老公的律師事務所上班嗎？沒錯，就是因為「曾經」在老公的律師事務所上班，所以現在的我，選擇不在辦公室工作，而是自己另外擁有一個空間跟場地，不管是開會、寫作或辦活動，都是獨立在另一個場所，避免自己被事務所的雜務給「綁架」。

我也建議，全職的主婦，或即使在先生公司工作的太太們，也應該有一個這樣的空間。現在外面的商務中心，月付四、五千元就有一個用到飽的自由席，不但可以讓自己專心工作思考，還可能結交朋友成為潛在的客源。

而且，如果暫時沒有緊急的經濟需求，又沒有特殊的技能、證照或學歷，其實不用急著去上班，而是要把學習放在第一順位，並以「非」朝九晚五的職涯為目標。像是我身邊，有一些主婦是部落客、團媽、代購、作家、講師、文案撰寫人、影片剪輯者，也有修習過相關課程的整理收納顧問、財務規劃師、創業顧問、職涯規劃師……等等，她們都是趁忙家務、帶小孩以外的時間，做自己想做的事，也都曾經經歷過那種伸手要家用的尷尬時期。

還有一種媽媽也很厲害，像是開兒童才藝工作室、兒童外語教室，直接把陪伴小孩跟賺錢雙軌進行——這些人，並不是時間比別人多，而是懂得怎麼善用有限的時間。

不管大家的興趣熱情、目標在哪裡，我都滿建議從創作開始，把自己想做的事、正在做的事，製造內容，呈現在當下最常被使用的平台，像是部落格、Facebook、Instagram、YouTube 或是方興未艾的 Podcast，一方面是行銷的工具，二方面也是檢視自己的專業跟學習進度，另外也可以用來評估市場的接受度。

但是，千萬記得，一定要找可以累積自己價值，越做會讓自己越值錢的工作，而不是做十年，單位收入都不會提高的勞力工作。

斜槓已經是趨勢，不管是上班族或主婦，大家都會面臨失去手上飯碗的風險，所以趁現在，多幫自己打造幾個飯碗，才能面對環境突然的變化。

部落格
Facebook
Instagram
YouTube
podcast

輯一

不管幾歲，妳的未來，都有無限可能！

人生只剩下先生和孩子了，難道我只能這樣嗎？每天的時間都花在家事和育兒上了，剩下的時間除了睡覺休息，還有其他可能嗎？

許多媽媽對於人生感到疑惑，卻因為家庭而擠不出時間進修，讓人生規劃裹足不前，停滯十餘年的精華時光。

妳也是這樣的主婦嗎？

勇敢挖洞給自己跳，讓未來有無限選擇！

二〇一八年，有出版社聯絡我，希望我幫他們一位作者凱若的新書進行直播。我上網研究了一下凱若，才知道原來她是一位鼎鼎有名的女性創業家，寫過一本書叫《我在家，我創業：家庭ＣＥＯ的斜槓人生》，主題是要傳達結婚生子的女性，仍可「決定」與「設計」自己想要的人生！

這本書我很喜歡，常常放在身邊翻閱，那次與凱若的新書直播印象也很深刻，原本以為創業成果如此豐碩的她，看起來應該很幹練；沒想到，凱若非常親切溫和，瘦瘦的她戴著眼鏡，甚至像個文青氣質的家教老師。

凱若與德籍丈夫及一雙兒女旅居國外，一邊經營粉專、寫專欄，一邊養兒育女，同時，她也是家婚顧公司的創辦人，並兼營數項不同的事業。

對很多家庭主婦來說，創業似乎是困難而且遙不可及的夢想。但凱若原本是個親餵母奶的全職媽媽，卻發展出多重的斜槓身分，由於對育兒有無限熱情，因此，雖然創辦及與人合作多項事業，她卻依然選擇在家上班，就可以常常陪在孩子身邊。

我相信，像凱若這樣的例子，是可以複製的。或許有人會覺得，教養孩子對女人來說，是個人成長的一種阻礙，但凱若卻說：「若我不是母親，不會有今日的多重事業發展，更不會是今日的我。」

我非常認同凱若的想法。其實，我自己是個事業心不重的人，不會想賺大錢，也沒想要有什麼大成就。每當工作辛苦時，我總會想，這麼努力究竟是為了什麼？除了溫飽之外，如果對名利沒有興趣，那為什麼要拚命地往前衝呢？有些時候，我會陷在這樣的困惑裡。

然而，自從女兒貝貝出生之後，我找到了努力的動機，那就是，我想要跟孩子一起體驗許多美好的生活，並且為他們示範，可以如何讓自己的人生過得充實又精彩。於是，每個發想，我都開始覺得有動力去執行。

把多重身分當作助力而非阻力

很多人總會說，女性同時衝刺事業與家庭，是蠟燭兩頭燒。凱若卻在書中說：「人生，要勇敢複選。」這真的是很正面的思考方式，如果我們把自己的多重身分當作助力，而不是阻礙，妳就會覺得生活充滿了機會與希望。

因為經營粉絲專頁的關係，我認識了不少媽媽部落客，她們將育兒當成自己的光環，並從事著與育兒相關的兼職事業，譬如在部落格分享育兒教養理念，因而有機會出書並當講師，像我一位好友羅怡君就是。她原本是在大企業上班的高階主管，女兒出生後決定自己帶小孩，所以辭掉高薪的工作，一邊陪伴孩子長大，一邊在網路上分享她的外向性格與女兒的內向特質所出現的衝撞與相容，不但出了好幾本教養的書，四處受邀演講，還開課教孩子寫作。

另外一個我認識的媽媽，因為常常帶孩子出去露營，並在部落格分享這些記錄，後來更以此興趣發展事業，常常開團揪露營，甚至團購自己挑選過的露營用具，也帶來不少的收入。

「若我不是母親，不會有今日的多重事業發展，更不會是今日的我。」
——凱若／親子暢銷書作者、在家創業者

而我最愛跟人家提起的，就是以前我自己舉辦的一個「家庭主婦來我家煮飯」的活動，因而讓一位六十幾歲、當了一輩子全職太太的媽媽，在耳順之年創業，開團宅配自己烹飪的美食，從此之後，常常每次一出貨就是幾百份的料理包。

這樣的例子，我越來越常看到。尤其，現在這個時代變化多端，如果婚姻中只有一方有收入，一旦遇到環境的大變化，就可能會讓家裡的經濟遭遇困頓。

又比方說，前兩年我因為一次受邀演講，發現行銷相關課程在市場上非常受歡迎，因此嘗試自己邀請講師，舉辦創業行銷或社群經營相關的課程，沒想到，或許因為許多主婦都渴望有一份自己收入的關係，每次開課都很成功。像是 Facebook 行銷、Instagram 經營、手機攝影、短片剪輯，都非常有人氣，我自己也因此增加不少粉絲專頁合作以外的收入，我還因此創立了一個女性學習成長平台，叫做「娘子軍」。

二〇二〇年初，因為肺炎疫情的緣故，政府宣導民眾避免群聚，我決定暫時停辦所有的實體活動；但也因此，觸動我突發奇想，將老公另一項創業「大狀廚房」原本的虛擬餐廳美食外送，增加了冷凍醬料的宅配服務，居然大受歡迎。

其實，最初「大狀廚房」的概念，是老公希望能將我們聘請來為家人及員工做菜的廚師的拿手好菜，透過UberEats、熊貓等美食外送平台分享給更多人，但畢竟熱食外送有區域限制，常常我在Facebook上貼文秀美食照時，都會有網友抱怨看得到、吃不到。我一時興起，跟廚師商量，將川味料理搭配的醬料做成冷凍包，家庭主婦只要買回家、解凍加熱，就可以放進各式各樣的食材，做成如餐廳般美味的四川名菜。我們的兩項產品——水煮牛醬汁及剁椒魚醬汁，銷售得相當好，許多朋友都嘖嘖稱奇：律師事務所賣醬料真是一大創舉！每次，老公在事務所遇到民眾，都習慣開口說，是預約法律諮詢的嗎？結果最近卻常常出現民眾回答：「不是，我是來自取水煮牛醬汁的。」哈哈～我都跟人家說，我的斜槓想像真是無界限！

找幫手，借力使力！

其實，在二年前貝貝出生之前，我因為經營粉專累積了二十多萬的粉絲，包括出版、專欄邀稿、演講、商業合作、擔任廣播節目主持人，生活已經非常忙碌，只是當時老大也上小學了，所以我這樣奔波的生活，似乎也過得還算順暢。但貝貝出生後，一邊帶小孩一邊工作，讓疲累的我跟產後憂鬱症纏鬥了很久。還好，當時退休的婆婆主動提議來幫我照顧貝貝，讓我可以得到足夠的休息，但也讓我思考，走到四十歲這個年紀，體力沒有年輕的時候好，我應該學著找幫手，而不是什麼都要自己做。

於是，我在事務所裡跟原本的夥伴們談合作，讓他們除了事務所的法律工作外，也嘗試一起處理娘子軍開課及大狀廚房的餐飲運作，並給他們一定比例的利潤分配，目前初期的運作還算順利。未來，我也期許能夠透過借力使力的方式，讓自己擁有更多時間陪伴家人及享受生活。

面對自己，活出自己生命的藍圖

凱若的書裡，有提到一句母親對她說的話：「現在所有的努力，都為了讓妳在未來『有所選擇』。」

我自己當過全職媽媽三年，每天都周旋在家事、育兒的生活裡，其實也是一種單純簡單的小確幸。但是現在我覺得，工作讓我活力充沛，還可以認識不同的自己，原來，只要我們不對自己設限，妳不一定要在上班跟在家帶小孩之間二選一。

就像選擇在家創業的凱若，同時是婚顧公司老闆／通路平台經營者／講師／部落客／專欄作家，但她也親自陪伴孩子長大。我看到她的書中有個描述很有趣，因為她在自己創辦的公司沒有辦公室，也很少進公司，有一次居然被公司的櫃檯人員當作客人，請她坐在一旁稍候！她一直把陪伴孩子當作最重要的事，任何個人事業的發展，如果會妨害她的初衷——一邊帶小孩一邊創業，就會被她拒絕；但是她的事業還是越來越成功，幾近財務自由的狀態。

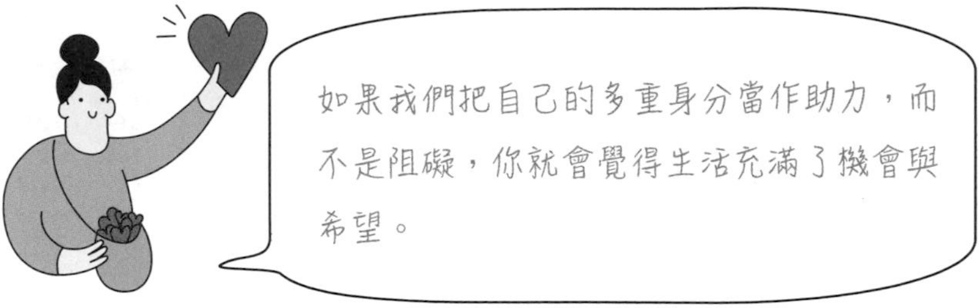
如果我們把自己的多重身分當作助力，而不是阻礙，你就會覺得生活充滿了機會與希望。

如果她當初沒有給自己這樣的挑戰，或許就得失去其中的樂趣了，所以她說：「想開創新局，先挖坑給自己跳。」

像我自己也是，老公當開業律師，我大可以沒有壓力地當當助手，帶帶小孩，反正老公錢賺了也是讓我管，經濟似乎也無虞。

但是，人無近慮，卻可能有遠憂；即使沒有遠憂，也可能失去可期待的未來——勇敢地挑戰自己，才有機會看到精彩的風景。被安排或許讓妳覺得生活輕鬆很多，卻無法掌控自己人生的主導權，只有認真管理自己的生活，才能畫出自己想要的人生藍圖。

這一切，都需要妳面對自己，看清自己的優缺點，善用自己的長處，克服自己的弱項，每件妳想做的事，就將它拆解步驟，寫在自己的行事曆上，終有一天，妳一定會看到自己想要的成果！

找不到熱情？就從生活&主業往外觸及

有幾次在粉專後台或是我設立的「娘子軍」LINE@帳號，網友私訊我，希望也能在當全職媽媽的同時，有一點副業，讓自己賺點零用金，不需要想花錢，就得跟先生要，但又不知道能做些什麼？要怎麼開始？

通常一開始，我都會問她們，覺得自己平常有什麼事情做得比別人好嗎？對什麼事物特別有熱情嗎？不過，大部分時候，我得到的答案都是：「不知道耶～」、「好像沒有耶～」

這我也能夠理解，想當年我和老公大學法律系畢業，就跟他一起去開了火鍋店，長達近十年的餐飲業生活跟三年的全職媽媽生活，幾乎讓我對自己的信心消磨殆盡，覺得自己沒有所謂的一技之長。

雖然到現在為止，我已經在進行第六本書的寫作，也有很多粉絲來訊表示我的文字感動了她們，但其實我還是很心虛——又不是中文相關科系，書看得不多，我也不知道怎麼會有這個榮幸，獲得出版社青睞，成為這輩子想都沒想過的作家。

但是接觸我的娘子軍當中（我通常會稱呼因為粉絲專頁的號召，來參加我辦的活動，因而願意為改變自己的人生努力的人為「娘子軍」，像是一起成長的夥伴），有一位「師娘」，也是如此哦！我還記得第一次遇到她時，正是她人生最困頓的時候，當時，她也沒有方向，不知道下一步該往哪裡走。我告訴她，心情不好的時候，就寫寫文章吧！可以抒發一下。她告訴我，她也不知道要寫些什麼？平常沒在寫作，連 Facebook 都很少貼文。由於她是在禮儀業工作，我說：「我手寫我心，妳就寫寫妳在這一行工作的心情吧！這個特殊的行業一定讓妳有些不同的感受啊！」我當時還為她成立的粉專取了個名字，叫做「師娘眼中的人生大事」。結果，真的是命運的安排，她居然因此跟我有了同樣的際遇，在粉專發表文章沒多久，就受到出版社的邀請，要跟她合作出版新書，書名是《悲傷只能走過不能跳過》；而且，最近我聽說她的書要再版了，所以，我真心相信，努力就有機會創造奇蹟，而且奇蹟甚至不會只出現一次！

愛自己、照顧自己，不是一種自私

其實，我覺得現在這個時代，真的是主婦最應該創業的時代。在過去，婦女們被寄望把最多的時間留給家人，也被給予許多傳統角色的期待。像我自己的母親，嫁給我父親以後，就是一輩子的家庭主婦。把家打理得井井有條，把孩子照顧好、孝順公婆、侍奉丈夫，就是身旁的人對她的要求，其實她也平平順順過了一輩子。

但是，像我自己在事務所工作的觀察，以及多年經營粉絲專頁所得到的大數據，很多主婦其實在進入婚姻之後，因為忙碌於柴米油鹽醬醋茶等瑣事，疏於照顧自己與覺察自己與伴侶的關係，漸漸地就和另一半產生了距離。

「律師娘，我老公外遇了，我是全職媽媽，我爭取得到監護權（親權）

嗎？」這樣的問題，其實我被問了數百遍。

在這個地方，我想討論的不是法律問題，也不是外遇問題，而是想跟大家聊聊，關係代表的是至少兩個人，一個是「妳」，一個是「別人」；「妳」可以控制，「別人」卻不行。

我們所能做的，終究還是照顧好自己之餘，再把剩餘的能力拿來照顧別人，關係只能覺察，但無法預料跟控制。

什麼叫照顧好自己？我記得有位粉絲因為看了我的上一本書《世界這樣殘酷，我們仍然溫柔以對》，在懷孕時寫給腹中女兒貝貝的信，也寫了一封信給她的女兒，叮嚀她要愛自己（不過現在我更喜歡的說法是：照顧好自己）。

她告訴女兒：「什麼是愛自己？就是讓自己舒服、快樂、安全、健康，凡事考慮到自己，不是教妳自私，而是在意、注重自己，懂得拒絕一切傷害自己身心的人、事、物，並且遠離。」

我把這一段母親送給女兒的叮嚀，經過她的同意放上了粉專。

當然，人生的意外所在多有，並不是總能夠平順地度過，所以，我們能做好的，就是先照顧好自己的心，然後過好自己的生活，不一定要總是開開心心，但要懂得怎麼跟自己相處。

懂得關心自己，心靈有沒有成長？起居有沒有維護自己的健康平安？當然，很重要的一點，就是規劃好自己的金錢藍圖。

一定要去上班嗎？

我倒是不特別建議大家一定要去上班，當個職業婦女，畢竟目前的世態，如果沒有相當的本事，要在職場上嶄露頭角，也不是一件簡單的事；甚至懷孕跟育嬰，也有不少因為僱主不能體諒，而受到相當程度的職場霸凌。

但是如果要一邊帶孩子一邊創業，又回到我一開始討論的那個命題：「我要做什麼？」或「我可以做什麼？」。

之前，我曾經收到一本出版社推薦的書《不上班賺更多》（*The Multi-*

Hyphen Method: Work less, create more, and design a career that works for you），談的是用複合式職涯創造自主人生，讓工時變自由。

我在這裡就想跟大家討論，創業對很多人來說好像有點遙遠，看似要當個公司負責人，租一間辦公室，或許請個助理、買台影印機……拿起計算機，似乎要花不少錢。萬一失敗怎麼辦？我的資金哪裡來？我應該去學企業管理嗎？做哪一行是現在的趨勢？

那麼讓我們換個方式來思考，能不能把創業當作資源利用呢？想想妳有沒有可以騰出來的時間，有沒有可以被利用的價值？有沒有跟別人不一樣的關係、人脈？其實有很多被閒置的資源，都沒有被善用。

就像我和老公當初創立的「大狀廚房」，原本只是要煮員工餐跟經營美食外送，但因為廚師還有餘裕，我們就開起了私宅餐廳預訂，讓有聚餐跟隱私需求的人，可以在我們的場地不被打擾地享受美食；接著，又把我們的料理做成調理包冷凍宅配。這些其實都不是我們一開始的規劃，但是我們利用既有的資源，稍微觀察市場，就開發出一個個創造現金流的項目。

另外，像是我剛開始出書、寫專欄時，常常受邀演講，我發現市場上有一個族群的人非常喜歡聽課，於是試著自己找講師，並將主力聚焦在行銷創業的課程，結果我這樣一個原本是家庭主婦的人，居然曾經在某一年裡，版稅、稿酬、講師費、開課收入，就超過了一個受僱律師的一年薪水。

從寫作、上課開始，整理生活經驗、找到方向！

我很喜歡《不上班賺更多》書上的幾句話，像是：

「妳的職業壽命，不該指望任何公司或單一收入。掌握多重身分，才是通往工作自主的最大機會！」

「複合式工作並不是鼓勵妳一次做更多，而是聰明地工作，擁有更高的報酬。」

「只要善用知識和數位工具，妳不但可以省下大把時間，還可以發展嗜好、賺點外快，甚至隨時享受一場假期。」

如果家庭主婦把日常事務也當作是正業，就可以想想，有沒有辦法，從妳的正業延伸出副業呢？

譬如平常要帶孩子，是不是可以趁著研究孩子的生活用品，把它打造成一門生意？像我前一陣子遇到一個媽媽，她的創業就是來自於孩子就學相關的文具用品，什麼好用？能不能更有質感？因而設計出一款能讓孩子背得更輕鬆的包包，也搭售其他文具選品。

如果一時之間想不到，我貢獻自己的經驗，從「寫作」跟「上課」開始。先把妳生活中的經驗與感受整理出來，由短到長，發布在自己的社群媒體上，在這個過程，妳會看到，妳寫什麼樣的素材會比較受歡迎，藉以了解自己的獨特性在哪裡，還有自己分享什麼樣的內容，會比較容易得到迴響。再透過上課充實自己的專業性，建立屬於自己的受眾與人脈資源，長久累積，就很有機會找到自己的下一個方向。

我先前會想到讓「大狀廚房」販售冷凍宅配商品，就是因為每次放我們的美食照，中南部的民眾就會抱怨吃不到，現在的宅配服務那麼方便，只要急速冷凍包裝後，就可以讓大家吃到我們的產品。而會想到用娘子軍品牌開課，則是在 Facebook 打卡演講的行程時，會有網友留言什麼時候還有類似的講座，其實，智囊團都藏在妳身邊，困惑的時候，就多多詢問別人的意見——當然，最後還是要自己決定。

總之，不要怕沒有創業的好主意，生活中處處有需求，有需求，就會有商機！

工作讓我活力充沛，還可以認識不同的自己。

原來，只要我們不對自己設限，

你不一定要在「上班」跟「在家帶小孩」之間二選一。

斜槓人生的成功關鍵：不要小看自己！

最近在《商業周刊》上看到一篇文章的標題〈拋棄老闆——歐美最少2成工作者的選擇〉，討論零工經濟（Gig Economy）來臨，自由工作者的生存守則。

想想我自己，從大學畢業後短暫的三個月助理工作後，就沒有再上過班，到現在進入了外出求職的年齡門檻——不惑之年，要說心裡沒有徬徨與茫然，其實是騙人的。

有時候，我會跟阿富律師說，我覺得自己都沒有專業，想知道自己還可以學些什麼或考些什麼。阿富律師就會很暖心地跟我說：「妳可是名滿天下的律師娘耶！」

沒有信心？也許妳也身陷「冒牌者症候群」！

不知道大家有沒有聽過一個名詞，叫做「冒牌者症候群」？

在維基百科上搜尋，可以看到這樣的解釋：

「冒名頂替症候群（Impostor syndrome），亦稱為冒名頂替現象（impostor phenomenon）、騙子症候群（fraud syndrome）。這個名稱是在一九七八年由臨床心理學家克蘭斯博士（Pauline R. Clance）與因墨斯（Suzanne A. Imes）所提出，用以指稱出現在成功人士身上的一種現象。患有冒名頂替症候群的人無法將自己的成功歸因於自己的能力，並總是擔心有朝一日會被他人識破自己其實是騙子這件事。他們堅信自己的成功並非源於自己的努力或能力，而是憑藉著運氣、良好的時機，或別人誤以為他們能力很強、很聰明，才導致他們的成功。即使現實環境中的證據指明，他們確實具備優秀才能，他們還是認為自己只是騙子，不值得獲得成功。有研究顯示，冒名頂替症候群在高成就女性當中較為常見；同時也有研究指出男性與女性的盛行率沒有差異。」

一直以來，我常常都認為自己得到的東西是運氣好，跟我的能力好不好無關，想想更多人比我有才華，文筆也比我好，反應也比我聰敏，特別是進入中年以後，記憶力就像大家現在戲稱的金魚腦一般，每次光是要把廠商存摺封面上的金融帳號輸入到網路匯款的欄位上，就要分好幾次反覆誦念，還會輸入錯誤，就不知道我這顆越來越難使喚的腦袋，還能做什麼。

我相信很多主婦們也跟我一樣，生完小孩就覺得自己變得笨笨的，很擔心自己在職場上的競爭力。

我有位朋友本來也是家庭主婦身兼先生事業的得力助手，在四十歲以後，因為家庭的變故，必須經濟獨立，由於家族有殯葬業的背景，她自己對這一行也有想法與熱情，於是花時間去申請了禮儀師證照；據她說，過程中也是費盡了心力，把腦汁都快榨乾了，才取得這張寶貴的證照。而在那之後，她又憑藉了主婦不屈不撓的精神，幾年間在這一行，經營得有聲有色。

於是我想到，其實主婦們如果想要進入職場或是有自己的收入，以目前的就業環境，再加上多年空白的履歷，或許上求職網站找一份讓自己心安的工作，不見得是唯一或最好的選擇。

特別是在事務所碰到很多即將結束婚姻、自己重新獨立生活的女性，既要養小孩，甚至還要忙著應付找麻煩的前夫，很難有完整又專心的時間在職場競爭上。

這時候，或許妳可以聆聽自己內心的聲音，覺察一下自己想要的生活是什麼樣子，不要小看自己的力量，認為自己沒有什麼專長，出去外面很難找到工作。

「不上班」，斜槓創造更多可能！

像現在一些媒合平台（美食外送、共享乘車）的興起，讓想要工作時間、內容更自由彈性的人，有了更多選擇，這在未來一定是趨勢，越來越多的雇主，不願意再請正職的員工，甚至是像工程師、財經管理等較高技術門檻的職缺。

相對而言，也有越來越多對自己的能力有信心的人，傾向當自己的老闆，他們不聘請員工，但自己就是一個多元收入的中心。

就拿我剛剛提到那位主婦創業成為禮儀殯葬業的老闆，其實在她們那一行，多數的人力也是調度來的，有案子互相支援，有資源互相共享，大家都不要負擔過高的固定成本，卻有機會創造更高的收入。我也會建議媽媽們如果想要創造收入，不見得要把上班當作唯一的規劃。

當然，短暫時間內，如果有現金流量上的困難，或許這也是個不得已的選擇。

但是，現在政府都有規劃一些婦女創業的金援計畫或創業輔導，加上可以外包的資源很多；最不同以往的，就是社群平台的普及化，讓品牌或產品的曝光，不再需要耗費高額的金錢——「斜槓」幾乎是人人都做得到的一種社會身分。

不去上班，最大的好處，就是時間可以自己安排，工作的內容可以自己決定。但同時也考驗自己的執行力、時間管理能力，以及對社會脈動的觀察力。

此外，找到自己最擅長的職能，並加以善用，創造最大的價值，也是斜槓人生是否能夠成功的關鍵。

以我而言，從阿富律師的助理開始，撰寫粉絲專頁、出書、當專欄作家、受邀擔任講師、廣播節目主持人、創立女性創業平台「娘子軍」、經營「大狀廚房」美食宅配，近期的計畫則是想開設線上課程，讓要顧小孩沒辦法上課的媽媽們，可以一邊帶小孩一邊學習成長，找到未來的第二職涯。

真的，在未來，有多元斜槓收入的自由工作者，或許會是比上班族更有保障的選擇，這對和我一樣在家帶小孩的媽媽們，不是個天大的好消息嗎？

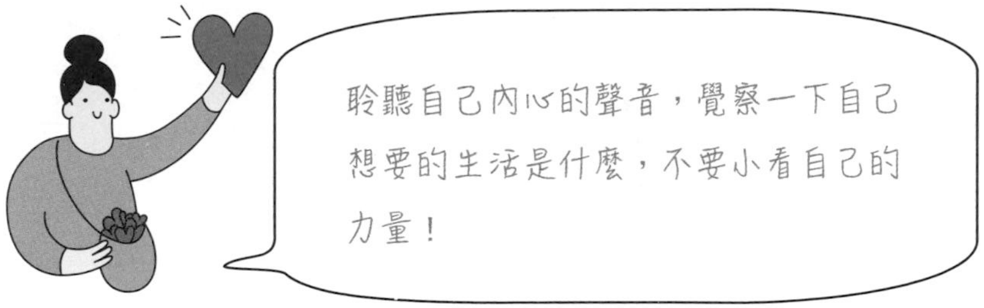
聆聽自己內心的聲音，覺察一下自己想要的生活是什麼，不要小看自己的力量！

自由工作的挑戰，其實是可以克服的

在此，也跟大家分享一下《哈佛商業評論》（*Harvard Business Review*）中，分析了關於自由工作者四個挑戰：

一、失去財務保障

二、自理後勤事務

三、多數時間是獨自工作

四、建立自我品牌

我認為第一項其實是個迷思，最近因為疫情突然失去事業或工作的人才多吧？第二項也不是問題，現在很多商務中心都有做這樣的服務。而獨自工作對我來說，其實是個優點，不過愛熱鬧的人，還是可以選擇在自由座位的商務空間或參與社團，間接達到目的。而建立自我品牌方面，就現在社群普及的狀況，每個人每天在Facebook貼文，其實就是一種自我品牌的建立，至於要怎麼發揚光大，或善加利用、成為轉換的收入，可以透過閱讀、觀察、上課，慢慢去學習。

因此，和我一樣結婚後就沒上過班的媽媽們別緊張，讓我們一起努力，
活出自己最精彩的人生吧！

不要擔心失敗！順應時代，創造妳的斜槓收入

最近，我遇到一些女生，因為遇到工作上的瓶頸，想轉職，可是又不知道自己還可以做些什麼，也因為忙碌的生活步調，很難找出時間做其他生涯規劃。再加上，女生如果結婚有孩子之後，難免需要照顧家庭，想著想著，一、二年就過去了……職涯上還是沒有突破，每天都在焦慮中打轉，眼看著年紀漸漸大了，也只好像鴕鳥一樣，選擇不去面對，看看網路上抒壓療癒的文章，吃吃美食，讓自己好過一點，更別談像我這種長年的家庭主婦，離職場那麼遠，雖然想要回去上班也不是不可能，但知道自己的斤兩，肯定是去當刀俎下的魚肉吧。

其實這幾年，「斜槓」兩個字漸漸流行，如果愛看新知的，大概也發現「一人公司」這個名詞，常常出現在一些生涯規劃或創業議題中。

或許妳還沒察覺，但我猜測，未來的十年裡，一人創業及小規模公司會越來越普遍。特別是二〇二〇年開始，因為新冠肺炎的疫情影響，大家開始發現，成立一家企業的固定成本如果過高，很容易在不景氣或是大環境的變故中，面對嚴峻的考驗，甚至無法生存。我最近也在一些教導企業如何度過難關的文章裡，看到專家指出，企業這時要做的事，就是趁生意不好，好好培訓加強內部人員的技能，並使用減法的藝術，讓自己重新具備經歷大風大浪的能力。

這讓我想到，與其遇到不景氣時才想到減法，為什麼不一開始的時候，就想好怎麼不讓自己擴張呢？我曾經在一個知名企業家第二代的 Facebook 上，看到他經營事業多年的感嘆：「開公司就跟減肥一樣，要變胖很容易，要減重卻很難。」如果有做過生意的人，我想多多少少可以理解吧！

覺得事情做不完，就請人，覺得店面不夠大，就擴張，覺得錢不夠花，就想辦法增加營業額；然後，就再回到本段的第一句話，無限循環。等到有一天，怎麼做都沒辦法再增加營業額的時候，就想怎麼節省成本，結果消費者一個不爽，剛好就把正在苟延殘喘的生意給掐死了。

就拿以前我跟阿富律師一起開火鍋店的例子來說，當年我們剛從大學畢業，就在母校旁邊開了一家規模百坪的火鍋店。一開始，為了讓生意好，就大降價促銷，果然吸引來了很多預算不多的學生光顧。後來卻發現，生意好雖好，但一個月結算下來，居然連我跟阿富律師的薪水都付不起。於是，我們認為一定是成本太高，所以開始拿掉一些好的菜色，也把學生最喜歡的可樂暢飲，改成比較便宜的紅茶暢飲。結果，沒多久，營業額就開始一去不回頭，而得罪的客人就再也不給你機會了。

其實，生意經是說不完的，但這些過去的經驗其實給了我很多學習，那就是，當妳自認為自己沒有像郭董一樣的經營天賦，卻又想要自己創業時，時時思考自己的事業規模，在這個多變的時代是非常重要的。

微型創業&斜槓，給自己一點挑戰

不知道大家了不了解「固定成本」跟「變動成本」的觀念呢？簡單地說，

不管有沒有生意上門，都一定要付的帳單叫做「固定成本」，例如房租、員工薪水等；會因為生意好不好而影響到支出金額的就叫做「變動成本」，例如食材、員工績效獎金。

以前有一些傳統的觀念，像是黃金店面很值得，因為「Location、Location、Location」，地點好生意才會好；可是，現在有一種新興行業很流行，叫做幽靈廚房，他們選擇在偏僻的地點甚至家裡開餐廳，但是不提供店內座位，只利用現在方便的外送平台外送餐點，省下店面開銷、裝潢、外場員工薪水支出，一樣創造很高的營業額，只是他們的成功得靠現在第三方的平台機制、病毒性的媒體傳播以及宅經濟的興起，也算是時勢造英雄。

又或者以前要開課，就要創立補習班，聘請優秀的師資、業務人員，租個又大又昂貴的教室……等，需要一定的投資。但現在，線上課程越來越普遍，有個網紅 YouTuber 將自己的剪輯技術拍成影片，丟到線上課程的媒介平台，光拍完宣傳影片預購，就收到一百多萬的學費，省掉許多實體課程需要的成本，更不用說線上課程還跨越空間距離，連國外的學生都收得到。

所以，妳一定要相信自己，絕對有機會創造比上班以外更高的收入，卻不必冒傾家蕩產的風險。前提是，妳得願意脫離現在的舒適圈，觀察趨勢、盤點資源，並且不斷地去學習與嘗試，不要擔心失敗。

為什麼不用擔心失敗？回到我們剛剛說的，如果妳前提只是想要養家糊口、給家人更好的生活品質，而不是想要出人頭地，在歷史上留下光輝的一頁……就要在企業剛開始萌芽的時候，規劃好公司規模，甚至立定志向，我只要開一人公司。其實，在這個時代，很多事情都可以外包的——小編可以外包、清潔人員可以外包、祕書可以外包（例如在商務中心）、行銷企劃可以外包……這樣可以讓自己的固定成本壓到最低，在時機好的時候又可以借力使力，換取最好的經濟效益。

因此，我很喜歡跟像自己一樣的媽媽們聊到，如果老公這邊的經濟收入還算穩定，真的可以試試看自己微型創業或是斜槓收入一下。

以我自己而言，從成立粉絲專頁開始，陸續有了出書版稅、專欄稿費、演講鐘點費、節目通告費、合作代言費等……，後期又創立了「娘子軍行銷有限公司」及創業平台，而有了開課收入及團購合作收入。當然，這也不算賺什麼大錢，但以多年沒在外面上班的家庭主婦而言，也是滿令人開心的一筆公房錢（我老公說我們兩個沒有所有權之分）；唯一的遺憾是，我自己不太會理財，所以這幾年賺的錢都只是儲蓄，這也是未來我自己很想要成長學習的部分。

很多主婦跟過去的我一樣，埋首在家務瑣事裡或是忙碌的職業生活，像我在孩子上幼兒園以後，在老公的事務所上班，確實常常覺得蠟燭多頭燒，特別是第二次意外懷孕生了貝貝，生活計畫也被打亂了。但是，我總覺得，人生有意外跟挑戰不是更好玩嗎？我喜歡帶著老天給我的禮物，勇敢面對生活中每一個難關。

每天爭取一點時間學習，累積自己的籌碼

時間，一定是不夠用的。但時間，也一定是公平的，如何把握自己所擁有的每個小時、每一分鐘，做自己覺得值得的事，不要讓自己有遺憾，是一輩子都要面對的課題。

以目前而言，早上我會在二歲女兒貝貝醒來之前，提早二個小時起床寫書。雖然書的版稅不多，但這是屬於人生的里程碑，對自己未來跟不同單位談合作時也是一種加分跟籌碼。甚至在清晨六、七點睡眼惺忪時，我就會躺在床上冥想，想一下今天要做些什麼事情，開會的重點是什麼？

等女兒起床以後，我會一邊陪伴她，一邊找瑣碎的時間回訊息。這時候，跟她一起泡杯咖啡，收拾一下環境，是我最快樂的時光，有時候她不吵我自己玩，我就會拿本書來看。

順便跟大家分享我看書的習慣，我通常很少把一本書從頭看到尾，都是只挑自己喜歡的篇章閱讀。我看書的領域也很分散，不過還是行銷的書對我的斜槓生涯最有幫助。

像最近在看的幾本書是《易經商學院：從菜鳥到ＣＥＯ的六堂成功講義》（リーダーの易経）、《Instragram 社群經營致富術》（Instagram でビジネスを変える最強の思考法）、《暢玩一人公司：用個人品牌創造理想的工作方式及事業地圖》、《我在家，我創業：家庭ＣＥＯ的斜槓人生》，我都覺得很有收穫。

我也很喜歡看 Facebook 上《天下雜誌》、《遠見雜誌》、《今周刊》、《經理人月刊》的文章，通常小編都會幫妳整理實用又容易閱讀的內容，讓妳乾貨滿滿、跟別人聊天時更有話題，此外 LINE@ 上「創業小聚」、「哈佛商業評論」，也都是我每天吸收新知的主要管道。

我非常感謝支持我，讓我可以做想做事情的老公、婆婆、助理們，雖然，幸福要靠自己創造，但一個人的幸福，通常都是一大群人的貢獻，所以我們要時時心懷感激，也才能讓自己有正能量去面對生活中許多的艱難。

每天吃完午飯以後，婆婆會來幫我帶女兒，讓我有一些自己的時間。我建議媽媽們，即使沒有在外面上班，也要為自己爭取一些屬於自我的時間，用來上課、社交甚至獨處都好，就算做不到每天，一個星期也要有二到三次，或是一天一到二個小時，妳可以看書、念語文、學習線上課程，每天做一些，長期累積，也會有一定的效果，等小孩大一點，妳就有更多的籌碼，可以做自己想做的事了。

總之，不管從什麼地方改變，其實都是從心態要改變開始，只有妳想要讓自己更好，才有可能把未來的美好控制權，放在自己的手上。

延伸妳的本業專長！
讓更多孩子擁有國際觀的多國語媽媽

YouTube 頻道搜尋： 5歲都要懂的國際觀
臉書搜尋： Lara 的多語繪本世界 - 英俄日德
斜槓身分： 多國語言教師／有聲書出版／YouTuber

「我有兩個小孩，大的是九歲（小學四年級），小的是六歲（小學一年級）。平常主要是我安排他們所有的接送跟生活照顧。因為他們上歐洲學校都很早下課，假也特別多，所以其實大部分的時間，我還是媽媽的角色。只是在五年前，為了讓小孩可以學習多國語言，我自己也想找點事情做，配合小孩的生活作息，就開始了多國語言教學的工作。」

這是 Lara 在訪談一開始的自我介紹。

我理解地點點頭：「我也遇到很多媽媽雖然小孩上學後，開始擁有比較多自由規劃的時間，但還是卡在小孩的接送上，沒有辦法找一個全職上下班的工作。」

Lara 和別的斜槓媽媽很不同的經歷是，先生是俄羅斯人，兩人之前住在上海跟北京，兩個小孩目前念德國學校。Lara 是讀俄羅斯文系出身，碩士論文主題則是針對不同的文化對商業的影響，而且在當媽媽前她一直都在國外工作，所以家中一直都有著多元文化的氛圍。

和我一樣為了老大當了三年全職媽媽的 Lara，讓我有一種特別的熟悉感跟親切感，但不一樣的是，我是在多年之後才當了第二次的媽媽，在兩個孩子成長之間的空檔，我為自己做了很多不一樣的嘗試；但 Lara 在老大三歲後又生了第二胎妹妹，緊接而至的育兒生活，讓她很想喘口氣做些自己想做的事，但滿滿的母愛又讓她想以陪伴孩子為優先考量，並不考慮外出上班工作。

不只是媽媽，更創造屬於自己的價值

「我很愛我的小孩，我沒有辦法離開他們，但是我覺得很空虛，當媽媽後我好像沒有自己，常常懷疑我是誰。我覺得我過去做的事情，人家看到的價值是我自己，現在人家則都說我是誰誰的馬麻，沒有屬於自己的價值。雖然當全職媽媽是我自己的選擇，但過去我一直是『職業走向』的人格特質，所以這個選擇讓我的朋友下巴都要掉下來了。不過，我還是想做一些帶小孩以外的事情。」

Lara 這段話應該說出不少媽媽的心聲，對我來說有趣的是，在我第一次當媽媽的前三年，也是很封閉地活在小孩的世界裡。那時的我，其實沒有任何尋找自我的需求，只是後來可能因為經營粉專的關係，看到的世界比較寬廣，在老二誕生之後，就覺得育兒之外也很需要自己的空間。

在哥哥三歲多、妹妹快一歲時，Lara 開始思考，自己一邊帶小孩，一邊可以做些什麼。由於家裡有很多不同語言的書，再加上老大讀德國學校後，她也開始學德文，對她的孩子以及孩子的學校同學，多語的環境是很正常的事，孩子們對於不同語言的轉換是很自然的。她認為，台灣的小孩應該也有能力這麼做，如果小朋友從小就知道有這些不同的聲音，會更有可能擁有國際觀，未來也有更多選擇。

「我會這些不同的語言又喜歡講故事，所以才想到要開課，讀多國語言繪本給小朋友聽。我還記得，那時候我生妹妹，在家裡坐月子，哥哥看著地球儀，就會問我說：『阿嬤住哪裡？』像我媽媽在美國，我婆婆在俄羅斯，我們以前住上海，我就會轉著地球儀指給他看。還有一個契機，是我剛來台灣那一年，所有人都在團購一本書叫《地圖》（*MAPS*），在部落客間很流行，但大家都不會使用這本書；我就想，可以用這本書開一門課。而且，也因為之前全職帶小孩，常帶小孩去上不同的課，觀察到不同老師的一些教法，就跟朋友討論我的想法。剛好有個朋友的家裡那時重新裝潢，是個很漂亮的鄉村風私廚，主動借給我當第一個 GROUP 空間，我的繪本教學課就這樣開始了。」

剛開始做繪本教學的前三、四年，Lara 因為還要協助先生的木材事業，所以沒有很認真發展，只是像共學一樣，教自己跟幾個朋友的小孩。後來因為 Facebook 經營以及口耳相傳，漸漸越來越穩定。上課時，她會先用中文介紹一個國家，然後再導讀各種語言的繪本故事，通常是英、俄、日、德四種語言輪流，後來乾脆也跟別人借教室，讓環境看起來更正式。今年起，Lara 想成立自己的工作室，認真招生，所以更積極經營 Facebook，還辦了夏令營；到目前為止，多國語言教學這部分一個月已經有兩、三萬的收入。

我跟她聊到，有些媽媽花個幾千塊就要經過老公同意，所以這樣的收入對於許多帶小孩的媽媽已經很滿足了。

她說：「真的，以前剛當全職媽媽時，要花錢就要跟老公開口的感覺真的很差！雖然老公不會說什麼，但我心裡還是很不好過。因為過去在職場上的表現很受肯定，我那時說要辭職去當全職媽媽，我朋友還說：『怎麼可能？』」

除了繪本教學之外，她也發現很多人想要學德文但是買了書卻不會念，所以她想到開發德文有聲書；先自己進口德文繪本，再請德國人錄音，然後把錄音檔放到點讀筆的貼紙裡，繪本就變成有聲書，小朋友可以邊聽邊學德文。這部分她也開了一個 Facebook 社團經營，一個月也有幾千塊的收入。

這些收入聽起來雖然不算高，可是沒有在固定上班的媽媽或主婦，都會忍不住想開源節流，對家人的生活品質要求也會比較高，像我自己以前當全

Lara 的斜槓心法

- 在育兒之外，有自己的斜槓空間，除了增加收入，也創造自己的價值感。
- 斜槓主婦必須要有風險管理的觀念，不能把所有的收入放在同一個平台上。

職媽媽時，還會特別帶著小孩到主婦聯盟去買菜，希望讓家人吃得更健康。

我發現，像這樣的主婦魂，都會附身在許多斜槓媽媽的創業裡。

多方嘗試，風險管理

除了多國語言教學及有聲書開發之外，Lara 也有過一陣子收入不錯的電商創業，就是代購俄羅斯的保養品。

「有一次回俄羅斯前，有朋友請我幫他們找一些俄羅斯的產品，結果帶回台灣後，本來要我幫忙買的朋友沒拿，卻被其他朋友認購，我就開始嘗試做代購。一開始金額很小，但後來遇到很會賣東西的團媽，我就進口俄羅斯保養品，批發給團媽賣，收入滿不錯的，的確有賺到錢。只是後來有競爭者切入後，市場就被破壞了。」

我建議想要斜槓的人，其實都要有風險管理的觀念，不能把所有的收入放在同一個平台上，否則市場的變化跟競爭，都可能讓妳陷入困境。

接下來，Lara 想把多國語言教育這塊做得更完整，所以會成立公司，也正在培訓種子老師，並嘗試直播線上課程。去年開始，她也設立了自己的 YouTube 頻道，開始錄製教導孩子國際觀的影片，頻道名稱是：「5歲都要懂的國際觀」。

她說：「國際觀是很重要的觀念，台灣的小孩不知道外面的世界，是一件很可怕的事，他們是我們的橋樑，未來靠他們掌握，如果他們只知道藍綠之爭，永遠不知道外面發生什麼事情，我們未來的決策、發展如何仰仗他們呢？」

我發現，許多斜槓媽媽即使說要在帶孩子以外做點別的事情，但所做的事還是常常藏著具有社會價值，讓世界更美好的理念。這也是從對孩子的小愛，變成對環境大愛的一種轉移吧！畢竟讓這個世界更好，我們的孩子就能過得更好，不是嗎？

勿忘初衷，做妳所愛

斜槓一年，席捲四萬粉絲的夢幻兒童餐

臉書搜尋：EndlessChenmama。陳媽媽的兒童餐 2.0

斜槓身分：三寶媽媽／汽車零件公司主管／美食親子部落客

媽媽們應該都很擔心自己的孩子看到「EndlessChenmama。陳媽媽的兒童餐2.0」粉專，我第一次打開的時候，忍不住一直驚呼：「哇哇哇～～好可愛哦！」也懷疑自己，如果兒子跟我點餐，我做得出來嗎？很難相信，身為三寶媽的她無師自通，一切的源起都是為了取悅孩子而自學的。

彷彿住在男生宿舍的陳媽媽，有三個兒子，老大一年級、老二中班，最小的寶貝剛滿三歲。白天管理娘家汽車零件公司的她，目前還帶著小兒子

上班。工作時，就讓他在遊戲室玩耍，陳媽媽會找任務給他做，讓他不會無聊，乖乖等媽媽做完事情陪他。

光是想像，就知道帶著孩子上班有多辛苦，但陳媽媽卻因為老二在幼兒園發生了一些狀況而自我封閉、同時間老大確診為ADHD，又適逢老三出生不久，種種育兒壓力席捲而來，讓她突然想做一些事情抒解壓力，讓自己更開心，就開始嘗試製作各種小孩會喜歡的兒童造型餐。

拓展自己的小世界，把斜槓跟陪伴孩子合而為一

我想這種心情，應該很多媽媽們都有。雖然，當初自己也是心甘情願為了孩子離開職場，但是小孩接連出生，如果沒有其他幫手，一個人孤軍奮戰，不僅耗費心神，也會因為沒有屬於自己的時間與空間，總是為了孩子而忙碌，而覺得失去了自我。

我印象很深刻，有個全職陪孩子的媽媽跟我說，她常常感覺自己好像跟孩子一起活在另一個次元的世界，身旁的人來來去去，都跟她們無關，也跟外界沒有連結；後來才發現，自己好像陷入了憂鬱的狀態中。

陳媽媽也是這樣，三個兒子出生間隔很短，讓她無縫隙地花了很多心力陪伴，卻漸漸覺得沒有屬於自己的喜好，以前單身時喜歡的追劇、看電影、唱歌，現在都找不到機會做。雖然長年以來自覺是個盡責的媽媽，但全時段都是在迎合小孩們做他們想做的事，自己的內心卻有個地方沒有被滿足，她開始驚覺自己被母愛的框架限制了，所以才藉由做造型餐的過程來自我療癒。

「沒想到餐點端出來時，小孩非常非常開心，還會出題目考我，我也很有動力挑戰，連我們家養的甲蟲，我也拿來當作造型參考。而且玩到現在將近兩年了，孩子還是非常捧場。」陳媽媽的聲音裡，有著對孩子的寵愛以及自我的成就感。

我對陳媽媽的斜槓非常地嚮往，想到自己目前手上發展的幾個項目，都跟孩子的成長或玩樂無關，所以總是在工作跟孩子之間兩難，如果可以像她一樣，把斜槓跟陪伴孩子合而為一，真的是很兩全其美的辦法。

其實最一開始，陳媽媽也沒想過把製作造型餐當作一項事業，畢竟白天的工作已經很忙碌，晚上忙三個孩子，也沒有太多的空閒，這個突如其來的想法，真的就是好玩而已。但沒想到，不僅自己樂在其中，孩子們也喜歡那種許願之後，媽媽就會變出來的驚奇感，對母子四人而言，真的是很棒的回憶。

陳媽媽本來也只是在自己個人 Facebook 分享，秀秀自己做的餐點、說說跟孩子的餐桌故事，一切是那麼家常。沒想到，越來越多陌生網友加她好友，詢問餐點的製作方式，她才想到，或許應該成立一個粉絲團，把做造型餐的分享跟自己的私生活分開。

結果，從二〇一九年八月開立粉絲團「EndlessChenmama。陳媽媽的兒童餐2.0」之後，在完全沒有下Facebook廣告的狀況下，居然一年多就累積了四萬多的粉絲，成果相當驚人。

「我是自己找食譜還有上網看網友分享，再買飯模照本宣科，Facebook上有很多社團也可以看到其他媽媽的作品。從現在最具人氣的角落生物、小朋友喜歡的昆蟲系列到應景的情境餐，我都嘗試過。甚至前陣子兒子還出難題，叫我做迪士尼公主跟八家將，所以娜娜公主跟范將軍、柳將軍，都曾是我們餐桌上的餐點。追蹤我們的網友，就像是在看連載故事一樣，看著我們吃什麼、玩什麼，每天又發生什麼樣的趣事。當我真的把八家將做出來的時候，三個兒子簡直就把我當女神看待了，呵呵～」

搶眼視覺＋浮誇活動，分享轉載不斷

訪問陳媽媽的過程，讓我感覺到一個母親溫暖的愛，以及如少女般的童心。陳媽媽大約是在製作造型餐半年後，開始經營部落格及粉專，因為照片的視覺效果搶眼，人氣扶搖直上，而且這些讓網友驚呼連連的照片，都

陳媽媽的斜槓心法

♥想要斜槓成功的第一步，就是要記得出發點不能是為了賺錢，而是要選擇讓自己快樂的事。要自己有興趣、覺得有價值而且能樂在其中，妳才能做得長久，最後妳還是有機會賺到錢。開始之後先不要急著接案子，沒有效果也不要焦急，先把自己的價值做出來，到一個程度就會水到渠成。

是她上過一堂攝影課後，選擇自己覺得有美感、看得順眼的角度，再買一些小道具擺飾，自己用手機拍攝的。

而真正把她的粉專人氣推向高潮的，是她費盡心思舉辦的浮誇親子活動。她把扮家家酒做到極致，用身旁可以取得的道具，布置出戲院、機場、夜市等等擬真的場景，在網友瘋傳後，被新聞媒體報導以及電台訪問，她把這些場布稱為「陳媽媽大戲院」、「陳媽媽航空公司」……孩子們玩得不亦樂乎，她自己也開心面對每一次新的挑戰。

目前陳媽媽開始適量與廠商合作團購相關聯的產品，像是烤箱、智慧除臭廚餘桶等，也會在粉專舉辦抽獎活動；此外，她也應邀出席一些實體活動、廚藝教學以及實體布置，也有廠商會委託她幫忙製作布景、餐點，或是請她直播。才成立粉專不久的她，目前已經有一個月近三萬元的業外收入，相當於一般上班族的基本薪資。

她也透露，她評估目前的發展滿有潛力成為成熟的主業，未來可以期待有更多元化的合作，而且，她還考慮往 YouTuber 前進。她分析，目前社群上的美食親子部落客很多，不少都是從媽媽早餐社團開始嶄露頭角，但也很容易侷限合作的廠商。所以她會嘗試跳脫餐點，走不同的路線分享生活，最近也因此受到英語教學平台、旅遊平台的邀約，對她來說真的是很不錯的副業。不過，她也常提醒自己不能本末倒置，要記得當時的初衷是為了陪伴有狀況的孩子走出陰霾，現在孩子既然在她的努力下願意走回人群，她也調整自己原本熬夜趕稿的腳步，以自己跟孩子一起快樂生活為優先，陪著孩子長大。

斜槓主婦的觀察

♥ 陳媽媽很懂得發文畫面效果的呈現，貼文下標、陳述與照片排序都看得出巧思，也會適度地發發牢騷，增加自己的親和力，讓追蹤的媽媽們很有共鳴。建議想要仿效的媽媽們，要練練自己攝影的功力。此外，像這種成果分享的粉專類型，一些小細節的安排，可以增加網友的好感度，重質不重量，像陳媽媽特地採買一些小道具來增加畫面的美感，是很值得的投資哦！

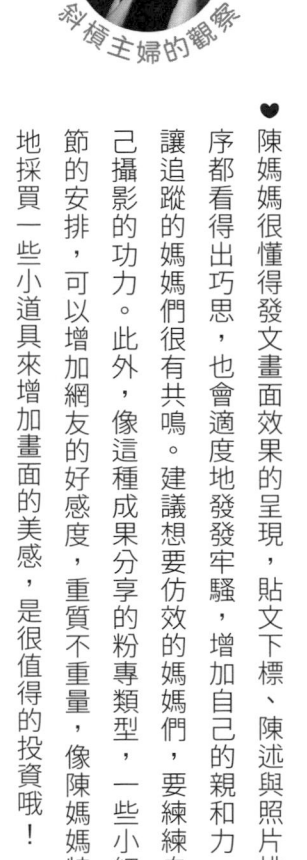

選擇妳喜歡做的事，用心規劃每一天

與孩子一起成長的塗鴉媽媽

臉書搜尋：蘇怡芳

斜槓身分：兒童塗鴉課老師／保養品批發／保險業務

怡芳在還沒有當媽媽前，原本是在銀行當理專跟中小企業開發，都是屬於業務性質的工作。她說，自己其實是個事業心比較強的人，原本公司有個主管缺屬意讓她升遷上去，那時她因為懷孕，身體有一些狀況需要安胎，只好向公司表示放棄這個機會，讓自己衝刺的事業心暫緩下來。

一直到在家待產、生完小孩之後，看著懷中女兒可愛稚氣的臉，她突然間母性大發：「我想要陪伴我的孩子長大！」決定辭掉原本大有可為的工作。

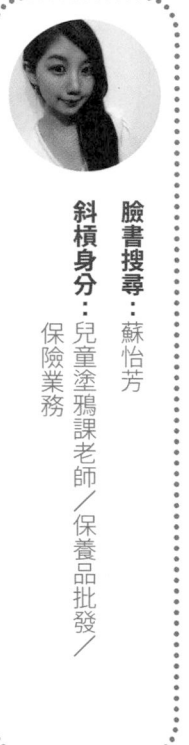

我覺得上天賦予女生先天的母性，好像是一種潛在女性身上的荷爾蒙，從受孕開始，荷爾蒙的變化，會讓我們變得比較感性；而這種變化，容易讓成為母親的我們做下一些比較感性的決定。就像怡芳這樣，原本是職場上的佼佼者，卻突然間願意放下一切，陪在孩子身邊，這或許也是上天讓生物生存、繁衍的一種本能吧！

「我的女兒生出來時比較小，讓我有一種想要好好照顧、呵護她的感覺，但或許也是有點產後憂鬱，我同時又覺得陪伴孩子好像沒有什麼目標，也沒有成就感；但陪伴孩子又是我認為不能不做的一件事情，因為她的童年只有一次，過去就回不去了，而工作可以再找，所以兩相權衡以後，我還是決定先認真陪伴她長大再說。陪著她的時候，我看了很多書，我想大家第一次生小孩的時候都是這樣吧，我是什麼五感之類的、各種跟教養有關的書都接觸，也帶著她到處去上很多的課程。」從怡芳的聲音裡，我聽得出她是個認真、執行力又強的女生，不知道是不是跟我一樣，是個不做則已，要做就一定要好好做的摩羯女呢？

愛上親子共學，自己召集共學團

就是在這時候，怡芳接觸到「共學」這種新的學習方式，她開始深入去研究，發現「親子共學」是種很美好的陪伴小孩的過程，也就是讓媽媽陪著孩子一起學習。但是她強調，讓她充滿熱忱的，是真正的「『親＋子』共學」，很多人雖然說是親子共學，但並不是真正「親與子」，而是把小孩丟給老師教，她喜歡的共學模式是，媽媽也參與學習，並且讓孩子們聚在一起，這樣才算是真正的親子共學。她看到很多媽媽只是把小孩丟到一個教室，就坐在旁邊，看孩子跟同學一起上課，這並不是她想要的，所以她就自己主動在網路上，召集一些也是自己帶小孩的全職媽媽，組成了一個共學團。

其實，我身旁也有一些媽媽，是用共學的教育方式，讓孩子跳脫傳統的學習環境。不過，確實就像怡芳說的，有許多還是媽媽負責接送，讓孩子和其他類似想法媽媽的孩子去上一些非常規的課，要像怡芳這樣，媽媽親自跟孩子一起動手動腦學習的模式，真的需要很大的耐心與毅力，也要克服不少困難。

「我那時建立了一些規範，希望這個團體是很團結一致的，而不是隨便零零散散組成的，雖然這個共學團運作不需要錢，但我還是堅持要有個制度來規範大家。我的規範非常嚴格，所以最後從一百多位媽媽裡篩選出來的十位，都是非常細心的媽媽，也非常認同我的想法。我們這十位媽媽就開始執行運作，自己去找場地，然後安排怎麼幫孩子上課。我們讓孩子學習的領域很廣泛，有英文、顏色、律動、塗鴉……我們會依照孩子的年紀，去找適合的課程，媽媽們自己來規劃進行，結束以後我們會一起去吃飯。

這樣的過程中，大小孩子會互相學習模仿，媽媽們也可以交換一些媽媽經，我們發現這樣帶孩子的過程，媽媽反而會很輕鬆，小孩子學習的速度也會加快，像是吃飯、戒尿布等等都會彼此模仿，而且我們也會汰換掉舊的成員，加入新的成員，因為我們都有共識要『共好』，而不是『有伴就好』。」

我可以感覺到，怡芳是個自我要求很高的媽媽，我從老大開始就放養了，哈哈～現在聽到的這些理念，心裡默默想著要開始陪孩子做些什麼，像她說的，「不是看他們學，而是一起學」。

從共學團到親子共學塗鴉教室

「後來孩子大一點了，因為她最喜歡塗鴉，我開始帶她去上一些塗鴉課程，為了加強自己的專業，我還去上了兒童美術師資認證的課程。拿到證照之後，我甚至去兼課當塗鴉老師，有課時就請娘家媽媽幫忙帶小孩，但大部分時間還是我自己照顧她。只是這樣過了半年，女兒說她還是希望跟

怡芳的斜槓心法

♥ 建議媽媽選擇妳喜歡做的事、開心做的事，因為如果只是為了得到薪水而去做一件妳不喜歡做的事，是沒辦法長久下去的。我也是在帶孩子的過程中發現，原來塗鴉是這麼有趣。妳可以跟孩子同步探索這個世界，在帶孩子的過程中，找看看自己對什麼事情有興趣，可以變成妳跟孩子之間的互動，不一定要打工卻做得不快樂，不快樂的媽媽會有不快樂的小孩跟家庭，所以要以「快樂」為主要的目標。

♥ 我原本是上班族，但在成為全職媽媽的時期，反而學習到更多不同領域的東西，而且我還跟著孩子一起學習成長。所以我想告訴很多媽媽們，孩子不是我們的阻力，而是我們的助力，不要怪孩子耽誤了妳的事業，妳是能夠選擇與孩子一起成長的，很多時候，只要想法轉個彎，反而會得到更多。

我在一起，不喜歡我去上班，我就決定創立自己的親子共學塗鴉教室，帶女兒的同時，可以一起教其他孩子，並讓我的女兒跟著我參與整個過程，當個小老師。她從不敢、害怕、陌生，到變得比較勇敢主動，也敢開口，這個過程她也學習到非常多。到三歲半，我才讓她去唸幼兒園。」

看到怡芳在女兒上幼兒園之前，就讓自己跟女兒的生活過得這麼精彩，真讓我心中豎起大拇指，想給她愛心＋按讚。我們都想說小孩上幼兒園，自己就可以開始規劃生活，她卻是從小孩出生，就開始用心規劃每一天，真的是一位很有想法的媽媽。

現在的怡芳，假日還是塗鴉教室的老師，女兒也會一起幫忙。此外，因為孩子上幼兒園後，自己的時間變多，她還兼做保養品批發以及保險業務，都不需要上下班、打卡，但成績也都相當不錯哦！

斜槓主婦的觀察

- 訪談到現在，幾乎所有的斜槓媽媽都說，不要先以賺錢為目的，想做的事就去做，做到最後慢慢就有可能轉成商業模式。這個過程，因為有熱情所以妳才有辦法堅持下去，否則一開始只想賺錢，會沒辦法堅持下去，反而妳還賺不太到錢～
- 只是，這個道理也要有個前提，畢竟有些媽媽是有經濟壓力的，她雖然自己帶小孩，但卻同時需要趕快有一些收入，或許老公已經扛經濟扛得很辛苦，她沒有辦法純粹為了熱情工作。主婦啊，妳們辛苦了！

跨出舒適圈、追尋熱情，形塑自我風格路線

會跳鋼管的斜槓兒科女醫

臉書搜尋：兒科女醫艾蜜莉 - 歐淑娟醫師

斜槓身分：小兒科醫師／講師／粉專經營／YouTube 經營／Podcast 經營

開辦娘子軍學習成長平台以來，我親眼看著許多娘子軍，從0到1，經營出自己的個人品牌；所以，我一直都相信，這不會是特殊個案，只要大家有心開始，並堅持下去，終有一天會有相當的成效。

兒科女醫艾蜜莉就是一個很好的例子。

社群行銷×影片剪輯課程，打開前所未有的視野

「我是個小兒科醫師，原本從來沒有發展副業的計劃，因緣際會去上了娘子軍開的課，讓我的人生有了很不一樣的轉變。我還記得，那是二〇一七年八月到十月間，每週一次的系列訓練課程，講師的名字是維琪。那次的課，幫我打開了一扇窗，讓我知道，原來有『行銷』這種東西。因為我過去的學習經驗中，從沒學過這一類的課程，上完課以後才知道，原來「粉絲團」是一種行銷的工具跟手法，原來社群還有這樣的用途在——過去完全沒有的概念，在上課之後，視野被打開了！在這以前，我一直過著安逸的生活，工作之餘，也會去上英文課、法文課，因為我只要說要去上課，老闆（診所院長）都願意讓我請假，哈哈～」

艾蜜莉的老闆其實也是知名的網紅——柚子醫師，我還記得第一次跟艾蜜莉交談時，她跟我說自己在柚子醫師的診所上班，我還以為是柚子醫師把她送來，讓她學學社群行銷的，沒想到是她自己沒有目的性地在網路上搜尋，就這麼湊巧，遇到和他老闆有點交情的另一個網紅。

更令我驚訝的是，她的另一項嗜好竟然是「鋼管」！有時在Facebook上看她分享在鋼管上翻來翻去的影片，真的超療癒的。

後來，她認識了另一個有在經營社群的徐慶齡醫師，在她的推薦下又去上了影片剪輯的課程，但也只是想把自己鋼管的學習歷程記錄下來，還是沒有打算經營自己的粉絲團。

「我有看到一些學長姐先開始經營社群，而且做得很好，我想既然已經有珠玉在前，就沒有必要爭輝，如果有病患需要，就叫他們去看學長的文章或圖文，反正我又沒辦法做得比別人好。後來上過影片剪輯課後，為了要練習，就想說不然來做一系列的衛教影片。我覺得專業人士都會有個通病，就是想要做到最好，但我的一位醫師朋友跟我說不用這樣，我們本來就是要教導民眾專業知識，要被更多人看見，價值才會發揮出來，用影響力讓別人的生活更健康、更美好。我聽到這樣的話，其實有被打動，心裡想，如果有媽媽需要，我就願意拍。後來看診時，我問一些跟我比較熟的家長，他們都說：『當然好啊！越多越好！』鼓勵我去創立自己的粉絲團。過了半年，粉絲大概累積兩三千人，就有廠商找上門想要找我商業合作，我當時不想要有商業置入，只想分享對民眾有用的專業知識，所以就拒絕了。一直到去年，才嘗試從產品交換開始。」

粉專經營結合商業合作

從艾蜜莉的訪談裡，我想到當年開始經營粉專的我，也是只打算分享專業訊息，不接受商業合作邀約，擔心會淡化品牌，也怕民眾覺得不夠專業。後來，因為出書、演講以及拓展自己的寫作領域，開始討論一些法律以外的話題後，商業的合作邀約更是越來越多，加上創立娘子軍這個平台後，自己的品牌定位也不再侷限在法律上，就開始玩票性質地合作幾個商業廣告，慢慢地，變成了粉絲團一個很不錯的斜槓收入。

不過，我自己在商業合作上有幾個堅持，一個就是要選擇自己真的覺得好的產品，畢竟這個涉及個人的誠信問題；第二個是在量上有控制，以免喧賓奪主，引起粉絲反感；第三個就是要跟自己的品牌印象有關聯，免得置入得很突兀。

關於經營社群是否要接受商業置入的邀約，我想每個人可以自己決定，不見得置入粉絲就會反感；如果可以幫粉絲篩選出好的商品，有好的體驗氛圍，有些鐵粉也是可以接受，畢竟他們也了解，偶像或網紅也是要吃飯、上廁所的，總不能讓他們一邊創作，一邊喝著白開水過日子。

不過，有些人經營社群是為了被看見或分享，也有些人透過其他方式，像是出書、演講、點擊流量、開課等等創造收入，也不是一定要接廣告代言或團購，才能在社群經營上賺到錢。但有一點幾乎可以確定的，就是如果一開始經營社群，就是以賺錢為目的，其實會非常辛苦，因為網海茫茫很難被看見，一、二年沒有任何收入也很正常——不開心，真的很難堅持下去。

艾蜜莉大概是經營粉專兩年後，才覺得真的被陌生人看見，也出現越來越多產品交換邀約、電視節目通告以及演講邀請，經營效果是漸漸出現的。

個人則覺得，過去一年KOL（關鍵意見領袖，類似大家所說的網紅）的行銷風向特別強，因為我自己每年都會去聽一些行銷社群年會，發現過

艾蜜莉的斜槓心法

- 建議專業人士可以跨出舒適圈，像我自己從大醫院轉到診所工作後覺得很無聊，每天看的都是小病，跟以前在大醫院三十分鐘就要把病人救活的成就感、自我價值感差很多，所以我會去學新的東西，喜歡就繼續，不喜歡就跳過，不一定要執著在上面。
- 我覺得後來可以變成兼差或副業的，一定是妳本來就有熱情的人事物——雖然它一開始不是以賺錢的方式出現。我自己一開始是沒有目的性、好奇想學新東西，但突然有一天，有了資源、人脈，就順其自然發展出來。專業人士其實已經有很大的優勢，更應該嘗試走出舒適圈。其實我以前也上很多課、參加很多活動，但我是內向型人格，有時不但無法充電，還覺得好累、學不到東西；所以，我會開始認知到把時間花在哪裡比較有價值，每個人都要有自己的性格跟路線。

去一年廠商及行銷公司的預算會特別花在ＫＯＬ身上，許多廠商都表示說，與其拚了命地想教育消費者自己的產品好在哪裡，不如請網紅喊一句：「買！」甚至最近還有ＫＯＣ的名詞出現，類似消費意見領袖的概念。

「當我看到商業合作文下面，有鐵粉留言『歐醫師推薦的一定要用！』，心裡其實滿開心的，雖然看文章就知道這是業配，但她就是信任我推薦的東西。網路作家黃大米說，推薦產品一定要她真心喜歡，因為她賣的不是產品，而是她這個人的人品誠信。我也是看到粉絲願意信任我，所以更有動力繼續更新粉專。」

艾蜜莉的心情我也相當理解，對我來說，更新粉專的動力，就是粉絲告訴我，我的文字療癒了她們，讓我會想要一直寫，希望可以幫助到更多人。

「像最近開始錄 Podcast，我也是研究很久後很想放棄，支持我弄懂它的，就是門診的家長，她們說可以一邊做家事一邊聽兒科專業知識，讓我又產生動力。我開始錄時很陽春，大概六十分及格就上線了，第一集是『感冒最常被問的問題』，總長大概十分鐘，但放在粉絲團的觸及很差，只有鐵粉看得到。我會請我的好朋友給我回饋哪裡要改進，錄幾集以後就比較流暢，也開始加入開場及串場音樂，錄這個比做影片快多了。」

其實，粉專＋YouTube 頻道＋Podcast 多管道行銷，也是我接下來的目標，希望能觸及更多不同的民眾——還有，雞蛋，不要放在同個籃子裡。

投資自己&設定目標，創造價值串連

充滿助人熱情的親子瑜伽老師

臉書搜尋：家家老師的親子兒童瑜珈／戶外體能遊戲

斜槓身分：親子瑜伽老師／希塔療癒師

外表短髮俏麗又帶點稚氣的臉龐，讓家家看起來像是個可愛的大學生，我還記得第一次在娘子軍的活動看到她時，覺得她根本像個小孩子。後來聽她說自己是個親子瑜伽老師，就在一次的相談甚歡後，和她一起揪團辦了一堂親子瑜伽課。當時令我訝異的是，原本說話方式秀氣又靦腆的她，在換上瑜伽服、戴上麥克風以後，像是女超人變身，自信又有活力，每個指令都像是施了魔法一般，讓大人小孩都開心融入氣氛。原來，找到自己的天賦，正是一個人最大魅力的所在。

為了陪伴女兒，開啟幼齡親子瑜伽之路

雖然一直定位自己是個瑜伽老師，家家說，其實她從學校畢業以後，就沒有真正在外面上過班。

一開始，家家在雲門舞集的生活律動教室當老師，雖然是全職工作，不過因為上午是培訓課程，晚上的教學課程則要公司派課才會有收入，所以並不是很穩定，但時間卻都被綁住了。不得已，她只好轉成兼職，自己到處跑課跟兼課，追求更多可能性。

她先是在舞蹈社教舞，後來則在兒童瑜伽協會接觸到兒童瑜伽的領域，包括青少年瑜伽及幼兒瑜伽，教學的對象大約是四～十二歲左右，這部分也成為她主要授課的範圍。但女兒出生後，家家開始想讓孩子從小就接觸瑜伽，才發現市面上比較少給幼兒上的瑜伽課，雖然也有一些寶寶瑜伽課，

但是通常是媽媽在做瑜伽，寶寶在旁邊爬，幾乎沒有什麼互動。

對家家來說，一方面希望自己陪孩子長大，一方面又不想自己有職涯上的斷層，她心想，如果可以讓同年齡（當時女兒兩歲多）的孩子聚在一起上課，不僅女兒有伴，自己也能持續教學，因此她開始摸索親子瑜伽課程進行的模式。

我發現，有一部分的斜槓媽媽的商業模式，一開始都是類似這樣，因為想有質感地陪伴孩子，希望可以帶孩子上一些有趣的課程，結果後來自己也培養出興趣，就開工作室或跑課當老師；孩子跟在身邊，不僅有其他孩子伴，還可以當當小老師，學習領導與服務，一舉兩得。很多才藝課程的師資養成並不困難，這部分很適合想陪孩子，又想順便學習一技之長的媽媽。

不過，師資養成的部分雖然難度不高，但招生卻是個門檻。畢竟如果不是一定規模的才藝教室，或是已有品牌知名度的連鎖企業，對消費者而言，還是會有信賴度的問題。

家家在推展親子瑜伽的初期，也遇到這樣的困難，有一搭沒一搭的好一段時間。一直到三年前開始，市面上親子瑜伽課程慢慢出現，越來越多爸媽會去尋找這樣的課程來上；而家家在因緣巧合下，透過朋友介紹得知知名運動服飾品牌「迪卡儂」要舉辦相關活動，就和迪卡儂開始了一個月兩次活動形式的合作，讓爸媽帶著孩子參加親子瑜伽，擁有一些共同的回憶。

「其實透過親子瑜伽課，會看到孩子的學習進步和專注力提升，還可以讓親子關係更緊密。」認識家家以來，我一直看到她推廣親子瑜伽的熱情，也不時聽聞她無酬帶領弱勢家庭上親子瑜伽課程，讓我非常欽佩。

發展師資培訓課程，也達到回饋社會的價值串連

後來，認識的學生媽媽看到報導，向她詢問親子瑜伽課程，希望她也可以開研習課，她才起心動念，要認真經營這部分的教學領域。漸漸地，透過社群推廣，像是粉專、Google 關鍵字、YouTube 影片等，陸續都有人找她合作，原本想要陪孩子之餘小小斜槓一下的她，漸漸發現可以轉成主業，

而且可以同時發展師資培訓課程，單位收入更高。

前一陣子因為疫情的關係，她也開始嘗試線上授課。這幾年走下來，她發現私人親子瑜伽的需求量滿大的，也有不少人要求一對一的教學。此外，許多社區跟幼兒園，也會尋求親子瑜伽老師，她就把這些團體課，派給培訓出來的老師進行。

她所培訓的老師，有本來就是舞蹈老師的，有當職能治療師的，也有些媽媽來上師資培訓課程，然後跟她定期去發展中心教特殊孩子，並幫忙做志工；因為這些孩子的需求量大，老師卻不夠，所以對她來說是很棒的價值串連。她看到這些特殊孩子上課之後，情緒變得比較緩和，心裡也很有滿足感。

媽媽們的斜槓常有一個共通之處，就是除了自我實現之外，也希望可以有社會價值的回饋，想要幫助他人，讓世界更美好，這部分真的是女性比較獨有的特質！

家家的斜槓心法

- 我覺得不去外面當上班族而選擇斜槓，最重要的，就是時間要自己規劃，要知道何時陪家人，何時是屬於工作的時間。決定要學一樣東西，就要花心思，一般人都會去想有沒有收入，但我認為一開始就是投資自己，然後想清楚自己的目標設定，在還沒有收入時要有規劃，也要打算後續的發展。
- 女生即使選擇不在外面上班，還是可以想辦法找到一份經濟收入來源，另一半比較會體諒妳，認為妳有幫忙負擔家裡的經濟，就不會把小孩都丟給妳照顧，對妳也會比較尊重。除了負擔家裡收入外，把孩子照顧好，做好時間安排，另一半會更支持妳。
- 一開始的付出都是磨練的過程，可能妳想嘗試看看不同的方向，也可能妳只是想賺點零用錢，不管妳最後選擇什麼，我相信都會讓妳的人生不一樣！

結合瑜伽與希塔療癒，解決生命課題

家家目前還有一個新的斜槓是希塔療癒。

希塔是一種透過意念冥想的力量，結合靈性與科學，讓人類的頭腦處於希塔波（θ波）的狀態，而達到身心靈療癒的目的。目前台灣有講師培訓協會培訓希塔療癒師，取得講師執照之後，可以嘗試幫助身旁的人，透過療癒過程解決生命不同層面的課題。

「一開始是自己想了解跟嘗試，後來才發現療癒師可以變成另外一個收入。未來，我也許會結合成人瑜伽或親子瑜伽教學，幫助大人和小孩的情緒更穩定。」

我很欣賞家家把不同的工具做串連與運用，目前市場上提供希塔療癒的療癒師通常是單次收費，而且有些受到希塔療癒幫助的人，最後自己也去上希塔療癒的培訓課程。

我自己體驗過家家的希塔療癒，透過她的協助，找到自己過往的一些心結，摸索出自己想走的道路，算是滿好玩的經驗。

「希塔療癒課程有分基礎、進階跟挖掘，最後會有美國官方認證課程，第一、二個階段都是三天，第三階段則是兩天，之後還有選修課程，可以讓自己更專精，未來也可以開講師課程。雖然希塔療癒跟瑜伽是不一樣的教學，但是，一樣可以幫助別人！」

這是熱血又感性的家家，最在乎的一件事——利他的社會價值。

輯二

開始妳的斜槓！從時間管理&轉變思維挑戰

我常常被問到，是怎麼完成這麼多事情的？明明大家的時間都一樣，怎麼一下看我又出書了，一下看我打卡去演講、有陣子還兼任廣播節目主持人，忙成這樣還能創辦女性創業平台、開辦課程，最近還忙著搞團購宅配……我不也是人家的太太跟媽媽嗎？我有在睡覺嗎？

學會生活槓桿，只做有價值的事

透露個我自己不好意思的習慣，前陣子我每天都抱著二歲的女兒睡到早上九點多，還被老公唸：「有四十歲的女生像妳這樣過日子的嗎？」特別是每次要找老公麻煩的時候，就會被拿睡很晚這件事說嘴，好像我已經擁有了全世界，就不要再挑老公的小毛病了。

其實，我也是像多數人一樣，常常為自己立下了許多目標，但總是停在起跑線前、處於摩拳擦掌的狀況，然後感嘆時間不夠用。然而，明明是家庭主婦出身，孩子出生後也沒在外上過一天班，卻讓大家覺得我好像完成了許多事情，為什麼呢？

我想跟大家介紹一個觀念，也是我很喜歡的一本書，叫做《生活槓桿：短時間發揮最大生產力，讓事業、生活、財富達到完美平衡的工作哲學》

（*Life Leverage: How to Get More Done in Less Time, Outsource Everything & Create Your Ideal Mobile Lifestyle*）。什麼是「生活槓桿」呢？這本書傳達了一個核心價值，就是該被管理的不是妳的時間，而是妳的生活。

怎麼說呢？大部分人都會覺得時間不夠用，事情總是做不完，但《生活槓桿》的作者羅伯．摩爾，卻告訴我們，那是因為妳做了很多不是屬於妳該做的工作。他認為，我們應該秉持著一種生活哲學，就是只做「可以實現自己願景」與「傳承自己認同價值」的事，將其他事情「外包」出去。

找到自己的特質，使用屬於妳的生活槓桿

當然，這乍聽起來像是種「何不食肉糜」的理想，但我從全職的家庭主婦開始，一路實現了許多當家庭主婦時連想都不敢想的夢想，其實不自覺中就是在實踐這樣的生活哲學——外包。

因為妳會發現，不管妳怎麼加快腳步、縮短處理事務的時間，明天，永遠

有更多想達成的事在等著妳。但是，如果我們只是努力地、埋頭苦幹地做，妳很難發現或覺醒——其實多數的事，並不是非妳不可。

以一個家庭主婦而言，佔去最多時間的就是做家事跟帶小孩。我還記得，在還沒有當老公事務所助理之前，我三年全職媽媽的生活，幾乎都在菜市場、公園、家裡打轉，一天下來從不記得自己做了些什麼事，但十幾個小時就這樣過去了。然而，在小孩被我「外包」到幼兒園之後，他白天玩得開心、規矩也變好了，回到家裡後，因為我一整天都沒看到他，更覺得他特別可愛；而我自己，則可以在先生的事務所接觸到各式各樣的人、事、物，不僅眼界大開，也因此找到了自己最有熱情的事——寫作與創業。

又譬如說，老公的律師事務所剛開業時，因為不知道生意業務能否順利，前景未明，所以讓我當他的助理，幫他處理所有創業的大小事；後來事務所的業務蒸蒸日上，我整天忙到很容易遺漏事情，雖然想聘請員工，卻又擔心如果請了助理來幫忙，萬一生意興隆只是一時的，到時候每個月要付薪水不就造成很大的壓力嗎？不過，老公告訴我，做事情要成功的第一步，就是要找接班人、代理人，堅持要請助理來幫忙（當然，也是不想再聽我抱怨忙碌，以及看不下去我迷糊的個性，害他總是提心吊膽）。

後來的後來，大家都知道了，如果不是老公的堅持，讓我把所謂「不是實現自己價值」的事情外包出去，今天就不會有多重斜槓身分的我。現在我每天做的，幾乎都是我有熱情或是為了追求夢想所必要的付出，同時，我也享受著身為母親的快樂。然而，妳說我已經財富自由了嗎？其實沒有，還是得為三餐、孩子、養老而打拚，可是現在的我擁有的，是像退休一般，心靈平靜而充實的生活，每分每秒都在妥善利用自己的時間，創造更美好的未來。

這一切並非唾手可得，妳得思考並不斷嘗試使用屬於妳自己的生活槓桿，並從了解自己的特質開始。

八個練習，改變舊有生活模式

建議大家可以使用《生活槓桿》這本書中八個練習題，來改變自己的慣有模式。

一、優先進行重要的工作

不管是家庭主婦或是職業婦女，通常都有滿滿的瑣事要處理。我過去當全職媽媽時，總是按表操課，看到什麼沒做就做什麼：地髒了就趕快掃，衣服堆了就趕快洗，有帳單趕快去繳……每天總是被例行事務追著跑，很少去思考自己的工作優先順序，也不懂得留一些喘息的時間，盤點自己的資源可以如何善用。

經過多年的歷練，我開始學著取捨，不讓自己追求滿分，有些事情沒做好、做不到，就承認自己的不完美，也接納自己的不足，該拒絕的拒絕，該道歉的道歉，不再因為擔心別人的想法，而打亂自己的步調。動手前，先想想，這件事情是我今天最重要、必須完成的嗎？如果不是，會不會因此影響到我完成重要的事情呢？

特別提醒，一天當中，一定要有些提升自我的行動，譬如說閱讀、學習語言、關心時事……等等，並且把它當作重要的任務去執行。時間長短不拘，可以先從十五分鐘開始，慢慢延長，長年累積下來，就會有一定的成果，也可以成為妳跳脫目前舒適圈的籌碼。

二、專注在最重要的一件工作，不要切換目標

當妳選定一天當中最重要的工作以後，妳常常會發現，全世界都會來阻撓妳——咦？不是說「當妳真心渴望某件事，全宇宙都會聯合起來幫妳」嗎？

就像是這陣子，我預計每天寫一篇文章，就可以在一個多月內完成出版社邀請的新書。但是，忙碌的一天實在很難再塞行程進去了，所以我決定每天早上七點跟著要上學的兒子起床，趁女兒貝貝還在睡覺，花兩個小時寫書稿——結果第二天，女兒就跟著我一起起床，現在賴在我身邊。當妳真心決定做好一件事時，雖然全宇宙都會來幫妳，但總還是會有「小惡魔」來阻擋妳。每次遇到這種狀況，我就會找出一天當中比較不重要的行程，取消它，來取代這段時間。有句話說，百分之九十九的堅持，比百分之百的堅持更困難，「考驗」才是決定妳能出類拔萃的關鍵。

三、優先處理困難的事情，速度要快

通常我會在一進事務所時，就把一整天當中最不想完成的事情先處理掉，這就是有些人可能聽過的那句名言：「每天早上先生吞一隻青蛙，妳一天就會覺得過得比較順利。」其實，這是一種心理狀態的訓練，當妳先完成困難的事情，所獲得的成就感，就會推動妳更有信心，完成剩下的計畫。

四、管理自己的時間資源，不要被別人牽著鼻子走

不管是在辦公室或在家裡，妳都會遇到許多時間小偷，他們或許會說：「可以借用妳幾分鐘時間嗎？」可是，他們根本不會還！有些人甚至會說：「妳可以幫我……嗎？」我們想當好人，所以總是很難拒絕，一開始，我也是這樣。助理來找我：「吳太，請問……」時，我總是立刻從工作中抬頭處理，但我後來發現，這樣的模式讓我變得很沒有效率，因為每次的抬頭都會延長我完成特定工作的時間。於是我調整為關上門，在門外貼上類似「趕稿中，如非急事，請留言 LINE 稍後處理」的小紙條，其實，真的很少

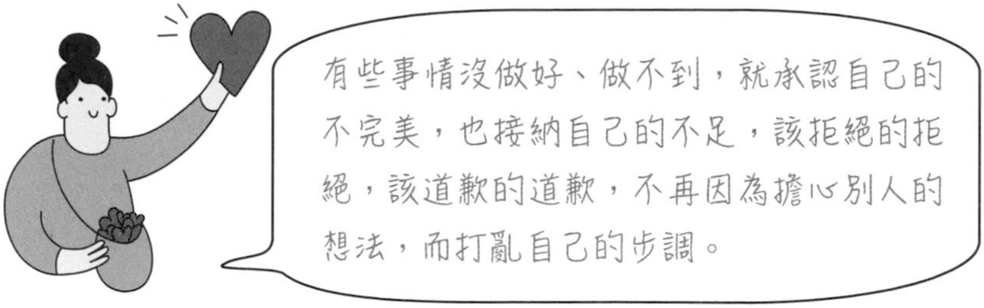
有些事情沒做好、做不到，就承認自己的不完美，也接納自己的不足，該拒絕的拒絕，該道歉的道歉，不再因為擔心別人的想法，而打亂自己的步調。

有事情一定非得當下處理不可。

五、誠實地問自己：我是不是在做最有價值的事情？

身為家庭主婦或職業婦女，最大的原罪，就是很多工時只要不能換來現金，都會被認為是沒有價值的事情。我們很難改變別人的看法，但是可以用事實跟時間來證明它。有時候，這需要一點決心跟耐心，在無法溝通的時候，先適度地請別人包容自己的任性，用點甜言蜜語安撫身邊的人——擁有多重身分的我們，真的需要身邊的人的協助，才能讓自己有機會完成更多想做的事。就像現在的我，其實很依賴老公把事務所管理好，我就能無後顧之憂地想到什麼做什麼，這一切都不是理所當然的，所以，我們都必須心存感激。

六、做好時間分配，優先規劃願景與策略

因為事務所律師很多，老公行程也很滿，為了讓所有同仁了解老闆的行程，以便安排客戶開會等事宜，我們事務所有個共用的行事曆。通常家庭主婦或職業婦女不一定會把規劃寫在行事曆上，但自從幾年前因為粉絲專頁讓我的合作案變多後，我就習慣把所有計畫跟行事曆寫在一起——即使是沒有期限性的，譬如當天幾點是我的寫稿時間，甚至還有我跟老公預計的約會時間……等。特別是我們這樣的工作型態，我認為：「妳不安排行程，就會被行程安排！」所以，我們連休息、娛樂、規劃，都會設定時間，並透過開會分派工作來逐步實踐，才不會總是被「別人認為的急事」給打斷。

七、對應時程與表現好壞，安排各項工作的順序

弄清楚妳在每一天的哪些時候，會有最好的表現和最差的表現，再把高優先度的工作與低優先度的工作，分配到相對應的正確時間。

妳可以學著站在他人的立場來觀察自己：

一早起床：我是精神不濟還是活力充沛？睡前：我是難以入眠還是只想偷懶休息？我是不是在精神好的時候滑手機，該認真工作時卻在打瞌睡？

下定決心戰勝它吧！

八、遠離令人分心的事情，創造充滿專注力的時間

請家人照顧孩子一個小時，自己到咖啡館上班（即使妳是全職主婦）；送給孩子一個新玩具，幫自己爭取幾個小時的專注時間；手機每天靜音一小時，規定自己絕對不能碰它……Anyway，生活中多一點紀律，換來的都是黃金般珍貴的時光。

每個人都有屬於自己的生活槓桿，而我相信，主婦的精打細算，絕對不會浪費掉比金錢更珍貴的時間。

什麼是最好的時間管理法？

一直以來「時間管理」的書都賣得非常好，或許是因為，現在的人都非常忙碌，總覺得時間不夠用，所以希望可以把自己的生活打理得更好。又或許，是希望有更多的時間，做自己想做的事，完成自己想要的夢想。

有人可能會覺得，時間管理做得很好的人，應該就是比較成功的人吧！他或許有個幸福的家庭、井井有條的生活環境還有優渥的經濟條件，以及良好的社交人際關係。

但，真的是這樣嗎？

一次做好一件事情

前陣子很流行一個時間管理術叫「番茄時鐘工作法」，這是一九八〇年代後期，由弗朗西斯科．西里洛（Francesco Cirillo）所開發的時間整理方法。意指二十五分鐘內，只專注在目前正在進行的事項，並用五分鐘時間專心休息，並再次以二十五分鐘為單位，專注於一件事情的方法（資料來自《天下雜誌》網站）。

我個人認為算是一種不錯的自我管理方式，讓妳可以專注在目前所做的事情上。

不過，二十五分鐘其實是一個參考，我們生活中難免有其他雜事介入，譬如：昨天吃了麻辣鍋今天一直跑廁所、老公突然不爽跑來找妳抱怨、老媽電話打來不知道是不是有急事、小孩吵著要妳幫他組玩具……

如果我們夠幸運，或許真的有機會以二十五分鐘為單位，規劃好自己一整天要做的事，然後用「番茄時鐘工作法」順利完成。但更多時候，計畫歸計畫，總是會有小孩打翻飲料、小狗唉唉叫等意外發生，打斷我們對一天美好的幻想。像今天，我一早爬起來，打算一口氣完成今天書稿的進度，偏偏肚子餓得咕咕叫，思緒就是集中不了，就算讓我好好撐完二十五分鐘，可能也寫不出多少個字。

我不是說「番茄時間工作法」不實際，事實上，它是個非常好的效率促進工具，我常常會跟同事分享，先專注做好一件事，不要被其他人的要求打斷，不要一直查看訊息。以我自己而言，每次專欄稿的截稿期限到時，我都會把自己關進小會議室，上面貼一張紙條：「趕稿中，請勿打擾。」然後迅速地寫完稿件，通常都會比我在開放式空間的效率快了好幾倍。所以一篇一兩千字的稿件，我大概花一、兩個小時就可以完成，然後就告訴自己，今天可以放假了，哈哈～

只不過，我更想跟大家分享的是，番茄時間工作法的中心思想，其實是要妳一次做好一件事情。這句話雖然看似理所當然，但實踐起來，每個人的作法及成果會差很多。

我們先抽掉二十五分鐘這個數字，想想，什麼叫一次做好一件事情？

妳可能會認為我每天有那麼多工作要完成，哪有辦法只做好一件事情，等我好好把一件事做完，其他事情都不用做了。

當然，我們每天被賦予的任務那麼多，不管是日理萬機的總裁、執行長，還是瑣事纏身的行政小助理，一定都有做不完的事情。

然而，每個人最多就是只有兩隻手跟兩隻腳，還有一個容量不會差太多的腦袋，雖然有些人比較聰明，但妳也會發現，比較聰明的人，不見得就一定會有比較好的成就；而且，妳還會發現，比較努力的人也不見得就會比較成功。

那到底對自己的人生滿意度比較高的人，是什麼樣的人呢？我認為是，專心、專注在當下的人。

以前聽過一句禪語：「人生就是坐、臥、立、行。」

不管妳是達官貴人，還是販夫走卒，通常二十四小時都是處在「坐、臥、立、行」四個狀態當中，聽起來像是廢話，不過這也告訴我們，不用太羨慕別人，因為每個人的幸福都可以自己掌握；只要妳能做到好好坐、好好睡、好好站跟好好走，應用在時間管理上，就是該做什麼的時候就好好做，不要想東想西。

為什麼我們會需要番茄時鐘工作法來管理時間，甚至是管理自己的行為？事實上，並非這二十五分鐘都不能離開妳的崗位，而是要這二十五分鐘，妳就專心做好一件事就好，這樣才能趕快做好當下的事情，避免拖延。

但是，如果妳在這二十五分鐘裡，擔心廚房瓦斯有沒有關？小孩的便當做好了沒？同事嘰哩呱啦地是講妳壞話嗎？昨天老公講的那句話是不是有什麼特殊含意？那就算給妳十個二十五分鐘，妳還是完成不了想做的事情。

因此，要落實番茄時間工作法，關鍵並不是擁有一個好鬧鐘，或是不被打擾的環境，而是妳能不能培養出不被影響的強大心理素質。

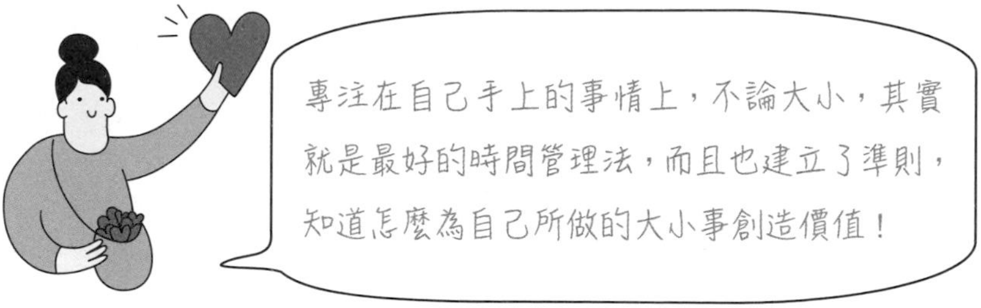
專注在自己手上的事情上，不論大小，其實就是最好的時間管理法，而且也建立了準則，知道怎麼為自己所做的大小事創造價值！

專注，就是最好的時間管理法

之前，剛好有一位事務所的前同事回來探望我們，一起用餐時，我們聊到他在事務所工作的一件往事。

這位同事在事務所工作時，有一段時間，跟另一位同事常常起爭執。有一次，他上班時間在通訊群組裡，跟那位不太對盤的同事一個意見不合，就直接起身走到那位同事的辦公室當面「討論」，說著說著，兩個人的音量越來越大，整個辦公室的人都感覺到一陣劍拔弩張的肅殺之氣。

這時候，就坐在他們「高調討論」的辦公室門口的我，還在低頭趕著即將截稿的文章，完全沒發現背後即將掀起的大戰。

一位助理實在看不下去，就走過來拍拍我的肩膀說：「吳太，妳不幫忙處理一下嗎？」

我抬起頭來看著他，滿頭問號：「處理什麼？」

助理指指背後的辦公室苦笑：「那個啊！」

我回頭一看，那兩位同事各自撂下一句重話，不太愉快地解散了。

我居然在全事務所都被凝重的氣氛給影響、停下手上的工作時，完全沉浸在自己的世界裡，沒發現身旁的異狀。

後來想想，我這種可以自動關上眼睛、耳朵、鼻子……五感的特異功能，或許也是種天賦吧！

其實我從來就沒有給自己類似番茄時鐘工作法的時間管理，但是專注在自己手上的事情上，不論大小，其實就是最好的時間管理法，而且也建立了準則，知道怎麼為自己所做的大小事創造價值！

要落實番茄時間工作法，
關鍵並不是擁有一個好鬧鐘，或是不被打擾的環境，
而是妳能不能培養出不被影響的強大心理素質。

量身訂做「自我感覺良好的時間管理」

現在的人很喜歡看時間管理的書，也很多人覺得自己的時間不夠用，所以想要多了解如何管理自己一天的行程，能讓自己完成更多的事。

我自己其實很少深入去閱讀專門討論時間管理的書，因為閱讀本身，就是很消耗時間的一件事。妳買了一堆時間管理的書，好好地把它看完，再想辦法運用在自己的生活中，後來發現不適合自己，又或者執行了沒幾天就開始荒廢，時間就在妳的「認真管理」中消失了。

當然，我並不是說這些時間管理的理論不實用，相反而言，我會概略性地翻閱，或是閱讀網路上一些內容平台所整理的書摘，大致了解，什麼是「番茄時鐘工作法」，什麼是「一早吃掉一隻青蛙法」（出自《時間管理：

先吃掉那隻青蛙》（*Eat That Frog!*），青蛙代表最大、最重要的工作，也是當前最能為自己帶來正面影響之事」，也特別喜歡看商業期刊電子媒體推播關於增進做事效率的文章。

不過，看完文章或約略翻閱書籍之後，我並不會急著去嘗試執行，反而會去思考，他們所提倡的方式，真的是我想要的生活嗎？

經歷憂鬱症，我體會到「享受當下」的美好

這幾年來，在律師事務所工作，看過了不少律師，也因為律師老公的人脈關係，見識了不少律師的生活。我漸漸發現，那些過得最充實、最快樂的律師，都不是業務發展特別好的律師，反而是常常去思考自己真正想要的生活是什麼的律師。

譬如說，我 Facebook 上常關注的幾位律師，有一位很愛畫漫畫，常常把執業生涯的趣事用漫畫呈現出來；有一位很愛聊自己的孩子；還有一位特

別愛說笑話……可以感覺到，他們很用心在過自己的生活，體驗人生的酸甜苦辣。雖然多年來，沒有看到他們的事務所增聘人手或擴大，但是，他們始終追隨著自己的喜好，安排自己的人生。相反地，有很多這幾年業績越來越好的律師，常常在 Facebook 上發表謾罵批評的文章，覺得現在執政的政府有多糟糕，法令制度有多不符合人性，客戶有多機車，彷彿全世界都對不起他。

外界所認定的成就，不見得是會讓妳快樂的成就。妳拚了命地完成「別人覺得好棒棒」的事，最後卻只剩下自己心裡的空虛，那麼時間再怎麼管理，都不是屬於自己的。

二十幾歲就開始創業的我，曾經認為，更高的營業額、更多的邀約、更多的肯定，就是一種進步，也曾經過著那種要什麼牌有什麼牌的日子，或是說什麼，什麼就中的順遂人生；可是漸漸地我發現，當妳一直重複著同樣的成功，它的邊際效益，就會越來越差。

也就是說，出版第一本書時的悸動，不會在出版第五本書時，乘以五倍。

累積了一百場演講，不會讓妳的成就感乘以一百倍。真正留在我心裡的，其實是我第一場新書分享會前一天晚上輾轉難眠的心情，還有第一次演講時，緊張地不敢看觀眾，全程照稿唸完的糗態。

然後，我才在四十歲經歷過憂鬱症後，漸漸體會，最好的時間管理，就是感受當下，用心做好手上的事情。其實，生活中許多細微的美好，都在我們忙碌追求世俗所認定的成功標準中，被忽略、被錯過了。

於是，我不再思考怎麼樣可以把行程中塞滿更多的邀約，而是認真準備當下所需要解決的問題，怎麼把它做好。而所謂的做好，並非做到完美，而是怎麼做可以讓自己跟身旁的人又多幸福一點點。

所以，如果自己做早餐，可以讓自己或家人感受到幸福，那妳不一定要一早就吞掉那隻青蛙。但妳一定要記得，早餐要認真做、用心做，甚至思考怎麼做出與眾不同的早餐，讓自己覺得自己是世界上最會做幸福早餐的人。

那麼，我告訴妳，妳一定會比一早就起來寫狀紙的律師快樂。

最無敵的時間管理法：情緒管理

當然，妳看到別人又買了新車、Facebook得到一千個讚，或許會覺得，那是我想要的幸福，可是我得不到，怎麼辦？

可是，妳仔細去思考，很多「得到」，如果妳沒有在過程中體會追求的快樂，其實滿足感消失得很快。

像我自己，雖然一早起床最常做的事其實還是「吞青蛙」，不過，真正讓我感受到快樂的，不是青蛙好不好吃、難不難吞，或是吞掉青蛙可以帶給我什麼美好的未來——而是當下的自律，讓我覺得我是一個可以控制自己的人。「我想做，而且我做到了！」每個人會產生自我陶醉的腦內啡不一樣，別人一個月寫完一本書雖然很厲害，但妳寫了一篇讓自己瞬間正能量爆表的文章，也很厲害。

我也承認，現實中有很多我們無法控制的事情，會讓妳陷入低潮，覺得自己真是有夠沒用。但就是因為如此，當我們把自己可以控制的事情，好好地控制好，不是一件更值得慶幸的事嗎？

所以，我認為有一種時間管理，叫做「自我感覺良好的時間管理」。以我現在，練習跟執行在家斜槓的生活而言，切割為清晨的孤僻作家時間、早上的好媽媽顧小孩時間、下午的探索世界時間，以及晚上的放縱自己時間。

每當我一早起床寫作，我就會幫自己鼓鼓掌；上午，孩子在我的懷抱裡玩得呵呵笑，我會為自己鼓鼓掌；下午，我又認識這個世界多一點點時，我會為自己鼓鼓掌；到了晚上，如果我玩得很開心，我也會為自己鼓鼓掌。

享受當下，真的是最好、最有效率的時間管理。

更棒的是，如果身旁的人感覺到妳的正能量，也因此感到心情愉悅，那妳連別人的時間也管理了，真的是功德無量。

最糟糕的，當然就是讓妳的時間「被別人管理了」，譬如因為主管罵妳，妳一下午心情都很不好；因為跟老公吵架，妳沒有心思好好吃飯；因為朋友跟妳絕交，妳開始覺得世間無真愛，不再為別人付出。

所以，情緒管理，更是最無敵、最不被影響的時間管理。

不管妳是職業婦女、還是全職媽媽，或者是像我這樣的斜槓主婦，只要開心、用心做好自己手上的事情，妳就可以對自己交代了，因為妳的時間都花在最值得花的地方。

每當我一早起床寫作，我就會幫自己鼓鼓掌；上午，孩子在我的懷抱裡玩得呵呵笑，我會為自己鼓鼓掌；下午，我又認識這個世界多一點點時，我會為自己鼓鼓掌；到了晚上，如果我玩得很開心，我也會為自己鼓鼓掌。

改變思維&挑戰自我，一個人也能發揮影響力

這陣子，因為常常分享時間管理跟斜槓創業的想法，總會收到一些女生們的訊息，表示她們也很想做一些目前工作以外的事情，甚至有機會做得好的話，也想要轉職。我發現，「每天為了錢而工作，但做的都不是自己喜歡的事」的人真的很多，也很慶幸，自己多數時間都在做自己喜歡做的事。

通常，我會跟這些女生聊聊目前的生活型態，並且問她們有沒有什麼擅長或熱情的事情，協助她們思考或引導，也給她們一些尋求資源的管道。

我很喜歡跟別人聊行銷及創業的想法，特別是幾年前，創立了「娘子軍」這個品牌之後，就會常常反覆發想，究竟這個品牌的中心思想是什麼？想要創造的價值又是什麼？

跨出舒適圈，我們有很多事情可以做

最一開始，娘子軍創業的目的，是因為在事務所遇到很多女生，在想打離婚訴訟時，經濟能力不好，就連律師費都籌措不出來。我會建議她們，如果娘家無法支援，最好暫時不要處理訴訟的事，先讓經濟能夠獨立再說。但是我發現，很多女生在進入家庭生活以後，變得很沒有自信，覺得找不到什麼好工作。其實，這也很自然，當妳不了解自己特別擅長什麼事情，一定會失去未來發展的方向；而且，如果一直都把時間、精力，花在照顧家庭成員身上，沒有學習跟成長，當然也比較容易失去競爭力。

「娘子軍」的初衷，就是舉辦一些課程及活動，讓大家可以學到行銷的技能，找到一起奮鬥的夥伴。

我會安慰長期沒有工作的女生們不要氣餒，自從我開始培養閱讀商業書籍的習慣以後，才知道，有很多成功的創業，都是四、五十歲開始的，甚至更多厲害的女性創業家，是成為單親媽媽以後，才不得不發展自己的事業。壓力可以使人成長，當妳不得不前進時，妳就會想盡辦法讓自己強壯起來，好好踏出第一步。

我們不一定要像那些優秀的女性創業家一樣，擁有一定規模的事業，但是，如果有機會，我都會建議女生們要自己闖一闖，做些挑戰自我的事情。

像我一直以來，都是個保守型的人格特質，如果不是因為大學一畢業就跟阿富律師交往，開始了半輩子的創業人生，我應該會是個每天朝九晚五上下班的小資女。但是，以現在的我回頭看，其實覺得很幸運，可以擁有這些創業的生涯與回憶。雖然常常面臨身上只剩幾千元的現金，或是工作結束回家都超過凌晨兩點，也遇到黑道恐嚇、夜市推攤車、滿手都是油炸燙痕的心酸——但是，真的覺得人生過得很精彩。

有些人或許會說，談何容易，我都不知道怎麼開始……這個我很能夠理解。畢竟我自己三十歲剛結婚時，就沒有預備地生了第一個孩子，也沒任何對未來的規劃，就迷迷糊糊當了三年的全職媽媽。女生不知道是自我認同的問題，還是外界的影響，都很容易覺得帶孩子不算職業，所以自己什麼都不會。其實，我也一樣，在當全職媽媽時，對自己很沒有自信，也不知道自己除了媽媽、太太以外，還能夠做什麼？

我覺得「律師娘」這個角色，真的是時代的產物。如果不是社群媒體的崛起，我大概不太可能有這幾年內遇到這麼多有趣的人，做這麼多有趣的事的境遇。

但也因為這個角色讓我體會到，妳真的要嘗試去做些什麼，跨出自己的舒適圈，才能夠看到世界有多大——我們其實有很多很多事情可以做。

一開始一定很困難，如果，妳真的不知道該怎麼做？先早起吧！不管妳原先的生理時鐘是幾點醒來，把它調早一個小時，這個小時，就是妳另一段完全不同人生的起點，妳可以為了一直想達成的夢想做些什麼。不一定要效率很好，但要跟妳現在每天做的事很不一樣——最重要的是，絕對不要滑手機！那真的沒有辦法改變妳的人生，或讓妳看到完全不同的世界。

把關核心價值，讓槓桿效應發揮到極致

如果實在不知道早起可以做些什麼？試試看這個：閱讀商業書籍。不見得是為了賺錢，而是為了改變妳的思維。

不知道是不是到了中年的關係，阿富律師常常會跟我討論：「我們可以留下些什麼，給我們的孩子？」我跟他說，其實我覺得父母留給孩子最棒的禮物，是「思維」。

智力、天賦可能是天生，很難改變；教育雖然重要，但是有時候花大錢也不見得能給孩子適合他的教育資源。但思維則是父母透過自己的生命經驗、人生體悟或是學習所獲得的，如果能夠把好的思維傳達給孩子，他們就有機會靠自己的努力，追求自己想要的生活。不見得是賺大錢或是擁有高學歷，但一定要讓自己過得快樂、自在。

這兩年我所深切感受到的新思維是，「讓利」才能讓自己過得輕鬆又有效率。把「別人能夠替代的事情」交辦出去，省下來時間讓自己繼續學習、

有很多成功的創業，都是四、五十歲開始的，甚至更多厲害的女性創業家，是成為單親媽媽以後，才不得不發展自己的事業。

成長，以及不吝惜地幫助別人、成就別人，總有一天，這些美好都會用別的形式回到妳身上，一定不吃虧。

這幾年很流行一人公司的概念，很多人以為，一人公司就是什麼都自己做，不用請員工。

其實不是這個樣子，剛好相反的是，一家成功的一人公司，老闆只負責把關自己最核心的價值，其他都盡量找別人做。又或者，利用自己當作人脈資源平台，吸取流量，在成交之後，只負責管理、考核承辦單位的品質。

或許有人會覺得，我認識的人不多，要怎麼變成人脈資源的平台呢？

我舉個例子，之前我有個朋友是賣水果的，他開了一家網路水果店，又請了行銷公司幫他拓展業務，推廣的結果還不錯，一個中秋節就賣掉了一千多萬的營業額。

這位朋友他做了一件事，就是把自家設計精美的紙箱，寄放在他認識的一些農家那裡；每次只要訂單成立，他就會遙控這些農家直接配送水果到顧客指定的地址，並且跟農家簽約，如果被客訴，就會永久停止合作，因此他一直都維持著一人公司的狀態。

大家或許也可以想想，可以在哪個領域裡，開發自己獨特的顧客來源，只要能夠掌握需求、建立信任，或許就有機會發揮槓桿效應，讓一個人的影響力掌控全局。

如果，妳真的不知道該怎麼做？先早起吧！
不管妳原先的生理時鐘是幾點醒來，把它調早一個小時，
這個小時，就是妳另一段完全不同人生的起點，
妳可以為了一直想達成的夢想做些什麼。

找到妳人生的導師

強強聯手、多元發展的工程界陳妍希

臉書搜尋：Mimi Chang（張維尼）

斜槓身分：電商銷售平台行銷講師／網站規劃建置公司執行長／企業特約行銷總監／新零售顧問師／國際品牌房地產公司營業員

喜歡在社交場合自介「工程界陳妍希」（律師娘蓋章認證）的維尼，在學生時代就曾經同時兼任七個家教，擁有一個月四萬多元的收入。馬不停蹄、四處奔波的她，卻在忙碌於學業與工作兩頭燒時，接觸到了所謂「系統收入」的概念。

「當時的我很快就發現，自己花時間換取收入，卻犧牲掉很多跟家人相處的時間，也總是為了想賺更多的錢，要教一些自己不是很喜歡的學生。後來，因為參加證券投資社團、看理財相關的書，以及玩了《富爸爸，窮爸爸》（*Rich Dad, Poor Dad*）作者羅伯特．清崎所開發的現金流桌遊，慢慢有了創造『非工資收入』的概念。於是，我辭掉了部分的家教，開始認真思索自己想要什麼樣的人生，並且動腦規劃，用更聰明的方式來賺錢。」

我是在一次受邀演講的場合認識維尼的，記得當時隨口約了她來娘子軍的活動，沒想到她爽快地答應，而且準時赴約。每次只要我一開口，不管是品酒會、讀書會、餐會、聯誼，她都會參加，還因為她幽默風趣的談吐，把其他活動參加者都逗得很開心，帶動了現場熱鬧的氣氛。記得有一次，她牛刀小試地在娘子軍為媽媽們舉辦的早安分享會，聊了兩個小時簡單的行銷觀念，就把這些被家務悶壞了的媽媽們惹得哈哈大笑。短髮帶點中性打扮的她，人緣好，慷慨分享，總把她花錢上課的內容，用最精華的方式濃縮說給身旁的朋友聽。

從經營電商平台開始多方學習，發展多種斜槓

維尼說，唸研究所時，她就因為學長的推薦，開始經營知名的電商平台購物網站；這麼多年來，網站業績持續成長，她卻很少直接跟朋友推銷，都是朋友主動詢問時，她才會本於真心跟朋友分享。碩班畢業後，本來可以找到薪水更高的正職工作，她卻選擇薪水較低，但不需要常加班、也有機會偷閒的傳產，並繼續經營自己的副業收入。直到有一天，她的電商平台收入已經超過上班薪水兩倍，她才辭去工作，開始認真經營她的各種斜槓。

目前她也接案幫小企業老闆架設網站，並擔任行銷顧問，甚至在某一次上課進修新零售課程時，因為展現了行銷才能，被一位董事長注意，轉介她擔任一家生技公司的特約行銷總監；平常不用進公司上班，定期跟公司高層開會跟線上討論提供策略即可，又幫她的斜槓多了一個身分——很難想像，在行銷觀念這麼有見地且深受肯定的她，其實大學是唸機械系的。讓我想到法律系背景的我，有一次在跟廣告公司開會時侃侃而談，也被做行銷業務多年的對方窗口問：「妳是行銷專科畢業的嗎？很有概念耶～」其實，

我跟維尼有一個共同的特點，就是愛上課、愛學習、愛跟人討論，也很喜歡吸收新知。

「我曾經也想過好好當個公務員，有退休俸安穩過日子。算一算，如果我白天當公務員、晚上兼家教的話，可以月入十萬元，就有養老的退休金。但是，後來仔細評估公務員錄取率低、常需要加班又有機會坐牢（誤～），可能不是那麼適合我。剛好，那時看到一本書《下班後的黃金八小時》（*The Other 8 Hours: Maximize Your Free Time to Create New Wealth & Purpose*），分享了時間規劃的觀念；也看到日本經濟策略學家大前研一說，現在下班後的三小時，決定妳兩、三年以後的生活——當時，還沒有『斜槓青年』這個名詞，但我已經有了『累積資產』跟『系統收入』的概念。」

維尼在那時，接觸了電商平台的商場經營模式、網站加盟及配套的教育訓練，所以平台持續成長，經營得非常好；也與一群志同道合、願意一起打拚的朋友組建團隊，在台灣培養很多新的人才，一起學習、廣結善緣，與相關公司簽訂策略合作夥伴，「強強聯手」將市場做大、做廣。此外，因為擴大經營東南亞市場、跟不同人交流，往返出差的過程，她時常被詢問東南亞不動產的狀況，就興起想去考張專業房地產證照，增加自身知識的念頭；上了四天的課之後，就這樣考到不動產營業員執照，想說放著沒關係，若有機會有人需要，她也可以轉介。

在這過程中，維尼一直希望自己可以找到人生的導師、讓自己更上一層樓，於是去上了社團法人中華流通顧問協會、連鎖加盟促進協會合辦的「新零售創業菁英顧問班」，花了四個月上課，學了很多紮實的行銷、管理等實用課程。在這次疫情中，維尼也用了更多的時間學習，結果因為在上課中結識人脈，加入國際品牌的不動產公司，進而擔任行銷講師被相中，轉介當企業的特約行銷總監。

眞誠分享，建立好感度

我很好奇，很多人在做電商平台行銷，但我極少看到維尼在 Facebook 上推銷她的產品，為什麼能夠發展到讓她辭掉正職工作，而且多元發展呢？

維尼的斜槓心法

- 一定要在下班後充電！工作的薪水，不是買走我們的人生，我認為該請假時就勇於請假，然後感謝同事幫忙，會做人也是很重要的！工資收入與資產收入不同，我寧願放棄高薪，也要選擇有彈性工作時間的職位，創造有潛力的副業。
- 多參加不同活動、認識不同背景的人，學習成功模式。徬徨時就多聽、多上課，就會有邏輯及思維，去辨別哪些東西是假的、騙人的。相關的活動跟課程，可以找信任的人推薦，或是政府機構辦的；現在網路上收費很高的廣告課程，內容其實含金量不高，要自己懂得判斷合理與否。
- 一定要加強行銷能力，不要避諱跟人談錢、談合作。台灣人因接受儒家教育、沒有狼性，覺得朋友如家人，不願意談錢，反而造成自己在商場上無法發揮。
- 請記得，要改變自己的思維，並建立系統性收入，勇敢表達、分享妳的影響力，跨出妳的舒適圈！

維尼表示：「我會召集策略合作夥伴經常開會，線上、線下都有，一起研究顧客服務、策劃活動，所以我們的商場合作夥伴營業額都很高，週末也會一起進修課程。」她認為，選擇跟誰合作很重要，也要時時學習跟調整，很多人會在Facebook一直聊自己的產品，這會讓網友麻痺；她則選擇經營社團，平常多分享好笑的東西，散發正能量，大多數人生活已經很多負面的東西，真的沒必要再增加別人的負擔。

維尼從上班族開始，就規劃時間努力經營自己的副業收入，不停上課學習、建立良好的人脈，最後再脫離正職工作，讓自己延伸出講師、行銷顧問、特約行銷總監等斜槓身分，很適合做為對正職工作不滿足的人參考哦！

斜槓主婦的觀察

❤我常常看維尼在 Facebook 上分享一些上課的心得筆記，看得出她的人脈經營心法是透過分享、建立好感度，有需要的人自然會去找她或是給她機會。常常看到在一些社交場合，有些人一坐下就發自己的產品 DM，其實都不是很好的作法。

從興趣出發，走出一片藍海

臉紅紅情慾文學教主的斜槓六力

臉書搜尋：我是艾姬－情癒撩慾系作家

斜槓身分：部落客／作家／講師／文案撰寫企劃

認識艾姬是在一場社群經營的分享會上，還記得當時在台上的她說，為了要蒐集寫作的素材，她特地到一個婚外情約會網站上去登錄，了解婚外情的人都在想些什麼？當時還是純樸主婦的我（噗～現在是有多複雜），覺得好刺激啊！

我真的超想知道婚外情的人在想什麼耶～～

後來，跟艾姬逐漸深交以後才發現，其實她也是個很可愛的主婦，五年前本來有個薪水不錯的旅行社主管正職工作，因為喜歡寫作，所以趁上班之餘寫寫部落格；但從來沒想過自己會成為作家的她，在寫了好一段時間之後，有一天居然接到知名兩性平台「姊妹淘」網站的邀請，開啟了專欄作家的身分，之後包括「臉紅紅」等，陸續有好幾個網站也邀請她上線開設專欄……因為這些契機，才被出版社邀請出書，正式走上了作家之路。

從正職工作發展出副業收入

艾姬說：「當時因為在旅行社的職務內容是行銷公關，所以可以接觸到一些小企業的老闆。有些企業老闆覺得我的行銷企劃能力很好，就私下拜託我幫公司產品撰寫行銷文案，創作企業品牌故事，來提升企業的形象。之所以擁有關於行銷企劃的一些技能，則是來自前一份工作是擔任品牌行銷的職位，所以對於中小企業要如何經營自有品牌，並且如何為自己說一個好故事比較擅長，也很了解網站文案要怎麼撰寫才會吸引人。因為這些都跟我的本業有關係，但因緣際會之下就另外拉出來，成為一個副業收入。」

那為什麼已經做到經理職位又有副業收入，卻要貿然辭掉工作、全職去斜槓呢？（我想，「擔心餓死」應該是很多人還撐著跟慣老闆相處的原因～）

「從大學畢業以後的十多年，我都是在當上班族，一開始當然是從小職員或行政人員做起，但因為我喜歡選擇在小型公司工作，常常都是公司的創始元老，陪著老闆從零開始、身兼多職，所以也擁有很多不同的職場技能。後來，漸漸覺得自己遇到瓶頸，工作上有很多時候無法按自己想法去規劃，常會讓我有挫折感。我算對自己的行銷企劃能力還有點自信，但常常一提案，就被老闆打槍，等到同業後來用我提的模式成功，老闆又重新要我規劃，我就覺得自己先前是被罵假的嗎？」嘟著嘴的艾姬回想起過去在職場上的委屈，還是看得到當年的志氣難伸。

但也是因為這些委屈，讓她開始評估，既然自己有一些副業收入，像是專欄稿費、出書版稅、行銷文案撰寫委託等等，就希望冒險一次看看，辭掉正職工作，專注做自己想做的事情。她預計給自己兩、三年的時間耕耘，也準備好一年接不到案子需要用的存款，如果撐不下去，就回去職場上班。

「妳決定離職的時候，已經結婚了嗎？」這是我訪談艾姬的斜槓之路到這裡，第一時間想到的問題。我想，很多女性想要斜槓時，常見的考量就是婚姻與家庭。

「這大概是五年前的事了，當時我已經在婚姻當中，也有跟另一半討論，他或許覺得我不會堅持很久就會回去上班，也可能因為一直以來我們的相處模式都是很尊重對方，所以他也沒說什麼。但是，有一次吃飯時，他突然對我說：『我多希望老婆是個朝九晚五的上班族。』我才知道，他因為認為家庭裡至少要有一份穩定的收入，覺得被我的選擇困住，不能隨便離職，得忍受上班的一些鳥事。」艾姬鼓勵他也可以離職出來創業，換自己來上班支持他，他聽了卻反駁：「那這樣聽起來，妳就是沒什麼夢想啊！」讓她一時為之語塞。

但那一次的爭吵，對艾姬還有她網路上總戲稱為「主人」的另一半來說，其實是很好的溝通，艾姬希望對方不要認為自己是為了她而犧牲，另一半也坦承，自己其實有點嫉妒艾姬可以任意做自己想做的事。於是，艾姬開始會邀請另一半參與她的接案邀約，讓他知道她的工作其實有辛苦的一面，也的確有除了收入以外的價值，所以她才會樂在其中，「主人」後來甚至跟艾姬的廠商變成了朋友。

因不穩定想放棄，新機會卻來臨

當然，純斜槓的收入不穩定，也讓艾姬常常會想放棄，像是沒辦法定時給家裡孝親費，常讓她心裡很愧疚。

「情慾文學是我有興趣的領域，也知道有讀者喜歡，所以讓我有動力繼續。但專欄的稿費微薄，我又幾乎沒有接業配，所以有很長一段時間，收入非常少；想到自己年紀這麼大沒有貢獻，家裡的費用都靠老公支出，總覺得有點可憐兮兮，也懷疑我是不是不適合走這條路。但或許是天意，每次當我想放棄而打開履歷找工作的時候，就會有新的機會出現，讓我想說再撐一下下……撐著撐著，不知不覺也五年了。」

其實，這是不少斜槓發展者的心情，等待中有期望、有失落，不知道有

成果的一天什麼時候會到來，看著身旁的人有些機運比較好的，都飛到天邊去了，心中的著急是難免的。

不過人生如戲，二〇二〇年，因為疫情的關係，艾姬一場近萬元合作費用的演講邀約被取消的同時，一款增加愛情運香水的合作邀約找上了她，打開了她斜槓的另一扇門。

一向自認是作家，不喜歡接商業廣告配合的艾姬，因為形象相符，難得接受了廠商的邀約，在粉專發表了一篇開運愛情香水的實驗心得，而且鬼使神差地，本來還在草稿編輯中的內文，也還未附上圖片，迷糊的她卻把「存檔」誤按成「發布」送出，結果發文不到十秒就有人留言：「我有興趣！」她心想，啊～有人留言就不好刪除，乾脆留著好了；沒想到，發文後三天創造了超過三十萬的營業額，商品賣到斷貨，她也得到很好的分潤獎金。

「以前總覺得團購商品很商業化，有點排斥。那次推出的愛情香水，卻有很多粉絲購買後私訊我說：『真的有效耶！』感謝我的推薦。才發現，其實是我自己自我設限，如果是我親身試用過的商品真的喜歡或有效，把它推薦給我的粉絲，不但好的產品可以被看見，消費者可以有人幫他們把關，我自己也有一些收入，這其實是三贏的一件事。」我很喜歡艾姬這種不商業的商業思維！

「所以，接下來，我想推出自己嚴選的『艾姬商城』！」看著艾姬眼裡閃爍著光芒，真的是為她感到非常開心。其實，我也見證過她低潮到想放棄、思考是否回職場上班的心路歷程，心裡偷偷為她著急過，不過以前我都沒有跟她說，怕讓她更焦慮，哈哈！現在看她多年耕耘成果漸漸發酵，終於可以讓她知道我的關心了。

除了稿費、版稅、講師費，聊天服務和合作分潤都是收入

目前艾姬的斜槓收入來自於專欄稿費、出書版稅、演講講師費以及和讀者一對一的聊天服務等。原來，有許多喜歡艾姬的文字與觀點的讀者，會想聽聽艾姬對於自己所遇到的疑難雜症有什麼獨特見解，所以艾姬就設計

艾姬的斜槓心法

- 斜槓最好從兼職開始，不要看別人經營得有聲有色，就貿然辭去正職工作，要徹底了解收入的來源與這份工作是如何運作。建議身上先存下半年到一年的生活費，因為大部分的斜槓，沒有一年是看不出成果的。

- 檢視自己的斜槓六力：

1 時間管理力：要有自律的能力，不然時間很容易虛度。

2 歸零學習力：不以原本的學歷經驗自我設限，必須永遠不斷學習。

3 角色轉換力：每種收入都可能需要重啟、切換妳的開關，譬如作家變講師、講師變顧問，要能因應。

4 資源整合力：斜槓不能分心、分身窮忙，要有辦法串連現有資源，發揮更好的效能。

5 人際社交力：在不同的工作場合會認識不同的人，社交應對要靈活。

6財務管理力：斜槓收入不穩定，要了解現金配置、學習記帳，將賺來的錢留下來。

了這樣的線上聊天服務；這讓我想到，或許也有不少人願意跟律師娘聊聊，或許我也可以開一個律師娘或斜槓主婦的付費聊天室哦！

此外，二〇一九年開始，艾姬也嘗試用文字再加上配合的設計師插畫，開發出個人品牌的文創商品，預購就銷售一空，今年還打算再增加產量供應現貨。她也初次試水溫，配合一家健康事業平台擔任社群講師，與會員分享社群行銷心法，並策略合作活動的出席與貼文，這也有部分的合作分潤；最近她甚至開始學習詞曲創作，與規劃 Podcast 節目。

在台灣能夠像艾姬一樣，從情慾文學走出一片天的作家並不多，算是一片藍海，或許有興趣的主婦們，也可以試試看哦！

斜槓主婦的觀察

♥和網路上引人遐想的情慾文學作家不同，我覺得艾姬本人看起來非常友善且具有親和力。據我所知，她在朋友眼中也是個樂於助人的俠女，有時候看她在網路上為真理開砲的嗆辣，很難想像，她其實是個喜歡窩在家裡寫寫稿，而且對自己產出品質要求非常高的寫作者。但跟她聊天時，又可以感覺到她與人為善，無私給予他人的女子氣概，這是我在不少高人氣的社群經營者身上看到的共通特質。

跟比妳厲害的人一起工作

從專業主持人到企業講師之路

臉書搜尋：維琪，妳的好感度教練

斜槓身分：自媒體人／企業講師／主持人

「我希望可以從主持人轉型為企業內訓講師……因為，我不想再錯過孩子的重要活動了。」

這是我初認識維琪時，她在我面前許下的一個願望。那已是好幾年前的事了，剛好是我開始籌畫「娘子軍」學習成長平台的萌芽期，當時我想，這不就是我立志做的事嗎？幫助更多媽媽可以陪伴孩子長大，又可以同時追求自己的夢想。

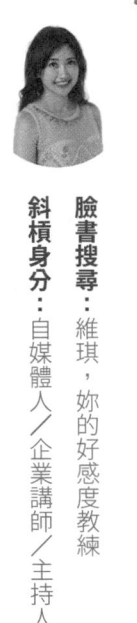

於是，我邀請維琪來幫娘子軍的成員開課，主題就是她擅長的「如何上台說話」。我還記得，當時可能因為她亮麗的外表（哈哈～她當時的主要標籤是主持人而不是講師），報名很快就額滿了，我們連續開了一系列的課，娘子軍們的評價很好，她也因此結交了不少娘子軍的朋友。

場景移到大約三年後的現在，維琪的收入已有超過一半是來自擔任企業講師，她開心地說：「我現在的主要標籤已經不是活動主持人，而是教育訓練了。」

為了孩子，改變假日工作型態

這一切的改變與努力的動力，都來自於她想要改變假日工作的型態，好好陪伴自己的第一個孩子。

十年前本來是金融企業董事長祕書的維琪，因為同事上台出錯的糗事，決定去進修主持人培訓課程；或許她天生就有上台的魅力，課堂上亮眼的表現，讓開課單位轉介了不少主持的工作給她。她趁著六日休假，把封閉在保守嚴肅的公司氛圍下不能講話的壓抑，趁假日一次傾瀉而出，滿足自己原本愛說話的欲望。這點對內向特質的我，倒是很難理解的，每次接到要上台的邀約，我都會衝動地用「跳出舒適圈」來說服自己，然後才在前一天後悔自己幹嘛老是答應人家這種不擅長的事；最後完成使命時，又覺得自己幻滅重生，像是金蟬脫了一層殼！所以，關於斜槓還是奉勸大家要找自己有熱情、符合自己性格的領域優先，否則真的是打落牙齒和血吞的苦啊！

後來，維琪在老闆退休後也決定離職，雖然金融業工作穩定，但是已經歷過外面精彩世界的她，開始愛上斜槓的挑戰性，決定讓自己朝更多元的面向去發展，因此展開了將近六年的主持創業工作。她的自我要求高，業界口碑好，所以常常有轉介的案件可以承接，所以她也籌組了自己的團隊，投入了自己的第一個創業。

沒有正職的收入，就少了很多福利，她意識到自己得接更多的案子，而固定在行政以及會計上的支出，也讓她有點壓力，所幸剛好有飯店找她簽年約，每個月固定讓她承辦一定數量的場次。

「很多人創業的模式，是養一批團隊後再來想要去哪裡找客人，我則是遇到有客人提出需求，才開始評估預算找配合的團隊。我有花一些成本在日常的行政、會計上，但是其他工作都是接到案子，再找信任的專業人才來配合，才能夠應變不同預算及要求的客人。」在我眼中的維琪是個漂亮的甜心寶貝，第一眼看到她，其實不會猜想到她是二個小孩的媽媽，但她的生涯卻因為孩子轉了第二個大彎。

「會想到轉型，是因為我懷第一個小孩大概五個月大時，當時主辦單位擔心發生意外，因此退單不合作。但是，我過去完全沒想過這些問題，從那之後，我才意識到主持這個工作是有瓶頸的，而且一直到小孩出生，我幾乎都沒有再接到案子。趁這個空檔，我去上一些聲音和口語表達課程，後來居然發現上課這件事，比我原先想像的還有發展性。」

身旁很多轉職的人，都是因為遇到原先職涯上的瓶頸而去找課程來上，意外幫自己開啟了另一扇窗；當碰到撞牆期，有時真的可以讓自己暫停一下，重新充電。

「老大兩歲上幼兒園之後，我因為假日工作，錯過他人生的第一場體育表演會，只能看到先生拍回來的照片。對於自己沒有在現場親眼看到他可愛的模樣，我覺得很難過，才想到未來的日子，如果因為工作必須接假日、晚上的活動或婚禮主持，那其實跟偽單親的狀況差不多。於是我就推掉很多工作，但這樣又賺不到錢，所以我才想到我那麼愛上課，或許也可以去進修一些教學技能，進入企業培訓系統，當企業內訓的講師。」

要進企業內訓這塊市場沒那麼簡單，維琪嘗試各種方法打造專業形象，像是架網站、寫文章等等，但她發現要發展 to B 端（即面向企業客戶），找企業管理顧問公司還是比較專業，他們會幫忙提案、結案，有一套很專業的提報流程。經過三年磨練，維琪的教學技巧漸漸純熟，目前企業講師的邀約也逐漸穩定。

「我認為每個斜槓的那一槓（／）都需要時間，在此之前，妳必須要告訴自己不能走舊路，要做新的嘗試。我過去幾年推掉了很多主持工作，婚禮和活動主持看似收入不低，但其實要花很多時間來回溝通討論，是隱形的成本；想要有新的發展，妳就必須要犧牲一些原有的東西。」

不斷觀察、測試、累積，造成多贏局面

因為經營社群，又陸續當了兩次媽媽，開始有廠商找維琪做親子產品的業配，而做事認真的她，不管是婦嬰用品，還是月子中心等的合作，她除

維琪的斜槓心法

- 做什麼事都不能以賺錢為目的，否則妳可能反而賺不到錢。
- 成功需要時間，不要遇到困難就放棄。
- 跟厲害的人一起工作，妳就可以學到他們的產出過程，我的人脈經營不是吃飯、喝酒，而是和優秀的人，一起完成某個專案。

了自己一定長期體驗、觀察，還會幫廠商做整體行銷企劃，甚至自行掏腰包把不合用的試用品寄回去，建議廠商溝通產品優化方向。對她來說，所有的合作，她的焦點不是放在賺多少錢，而是能不能從中學習，獲得更多。

「斜槓前，要思考妳想提供的價值是什麼，我很喜歡《不上班賺更多》所提倡的觀念，不要想怎麼賺錢，以賺錢為目的的事業通常不會成功，要先想怎麼有收穫。」維琪說，就像自己喜歡上台，所以才去當主持人；想跟新手媽媽分享一些育兒心得，讓她們少走一些冤枉路，所以寫親子部落格；而企業內訓講師，她也是磨了三年，才有把握整合過去累積的案例服務、細節操作還有執行困難，進一步在課程上設計門店接待、電話客服應對以及小編文字客服等服務體驗ＳＯＰ，專門教業務人員溝通方式以及如何服務接待高端客戶，這一切都是過去不斷的測試與累積，才有目前的成果。

斜槓主婦的觀察

♥ 我觀察，維琪的社群粉絲並不算多，但是她重質不重量的經營模式與生活哲學，還是讓很多廠商買單她的認真，值得大家參考哦！

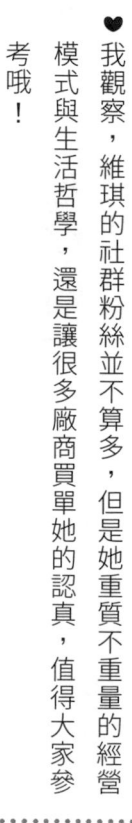

超前部署，在正業以外利用斜槓累積人脈

貓藥師母女的跨界斜槓

臉書搜尋：貓藥師的健康魔法

斜槓身分：診所藥師／講師／美食宅配／醫療器材經銷

除了本業是個藥師之外，貓藥師目前在幫媽媽經營美食宅配社團，販售媽媽自己烹飪的家常美食，像是泡菜、麻油雞、油飯等等，這部分她是和媽媽、哥哥三個人一起經營的團購事業，未來計劃要跟其他平台合作，把美食宅配版圖擴大。

說到貓藥師，跟我真的是超有淵源的，第一次見到她，是在我辦的第一個活動「我的這一桌」，這個活動算是「娘子軍」平台的前身。當時，因為陪

著老公在律師事務所工作，我遇到很多女生結婚之後，當全職的主婦或媽媽，慢慢失去職場競爭力，後來因為婚姻發生變故，身上沒有存款也沒有收入，連律師費都付不出來，更別說是爭取親權、經濟獨立兼扶養年幼的孩子。我看到這樣的案例，總是覺得特別驚悚，畢竟自己也是家庭主婦及全職媽媽出身，對她們就會不自覺地同情起來；所以「我的這一桌」，就是鼓勵媽媽們偶爾走出家庭，面對群眾。

我的這一桌，讓貓媽咪踏上創業之路

當時我邀請網路上不認識的主婦，來我們的場地煮菜，再邀請陌生的網友來分攤餐費、品嚐料理。每次一桌，大概辦了十幾二十次，讓很多媽媽受到鼓勵，決定開始為自己做一點不一樣的事，這個活動後來還上了《今週刊》的特別報導。貓藥師就是來當過「我的這一桌」的賓客後，覺得自己的媽媽很適合來當主廚，就一直鼓勵媽媽來參加。我還記得，貓媽咪來煮的那一次，說到她煮了一輩子的菜，都沒有受到家人直接的肯定，有點感傷，忍不住就紅了眼眶。

結果，在場的賓客通通掏出腰包，要跟貓媽咪買她的私房菜，從那以後，就開啟了六十多歲貓媽咪人生的第一個創業與收入。貓媽咪做了一輩子的家庭主婦，雖然家庭和樂，孩子們也健康孝順，但第一次自己賺錢的感覺，讓她擁有另一種成就感。而在此之後，也因為女兒貓藥師積極學習社群行銷技巧，將貓媽咪的宅配事業推向了高峰。有一次，貓藥師上了娘子軍的手機剪輯影片課，把媽媽煮麻油雞的過程，以及家庭主婦創業的心路歷程，完整在影片裡呈現，那支影片創造了好幾百份的麻油雞訂購單！母女兩人聯手出擊，讓網友互動時更有親切感，所以她們的社團「貓藥師媽咪私房料理 Go」及 LINE 群組，已經有一群每次開團必買單的鐵粉。

目前貓藥師母女的美食宅配收入滿穩定的，我問到貓藥師，如果也有媽媽想要把自己的私房菜拿來做美食宅配，請她分享團購宅配事業要怎麼開始、怎麼找到人買，以及怎麼建立信任度。

找到產品優勢特色，從微型創業叩門

她說：「如果一開始連社團都沒有，可以先從個人 Facebook 開始，然後再成立社團。但是，最重要的，是產品一定要有它的獨特性，如果吃起來跟外面的同種類產品一模一樣的話，就很難被注意到。所以我們一開始推出的產品，都是我們先試過其他市售產品，比較過我們是算數一數二好吃的，而且有特殊性，才會推出；顧客一吃之後，回購率就會很高。我們的行銷方式是先在個人Facebook賣，後來又開社團，加上律師娘當時也在自己的社群推廣給網友，讓陌生客進來，所以經營得很順利。我覺得，斜槓媽媽可以找出自己專長比別人厲害的菜，譬如說妳做的蛋糕從以前就很多人稱讚，或是像我媽媽中式料理很強，就可以試著從自己的Facebook開始貼貼看。

現代婦女都很忙碌，沒有時間做菜，可以推出方便她們一打開，五到十分鐘就可以上桌的形式；量也不要太大，大概三、四人份比較剛好，她們就會很喜歡，等於是幫她們省力、省時間。總之，就是找出妳自己的優勢跟特色，嘗試微型創業。一開始建議不需要砸大錢買一些設備，我們也是一步一腳印，先用自己家原本的冰箱，後來賺錢才去添購比較大的營業用冰箱，慢慢再添購一些封口機或標籤機，這些都是有賺錢再慢慢去做。因為我們不是一開始就以開公司為目標，而是想以讓媽媽斜槓的角度去經營。大概做到第三年，生意越來越好，最一開始半年開團一次，因為當時基本客源不多不敢一直開，後來有客人不到三個月就要訂，我們就改三個月開團一次；現在甚至剛開完團就有人要再訂，所以目前是一個月開團一次，營業額也

貓藥師的斜槓心法

♥ 我自己的選擇是一份正職工作再加上其他斜槓，因為如果全職創業可能比較不能兼顧到小孩，我的孩子還小，兼職斜槓可以自己掌控時間，晚上全心陪小孩。我是利用藥師工作的休假時間從事斜槓工作，星期天是我的家庭日，把斜槓工作安排在白天，又有正職工作領薪水，就比較不會有壓力，可以安心挑戰斜槓。現在孩子還小，我先斜槓累積人脈，等孩子大了，人脈建構起來，或許斜槓就會變成我的主業，建議媽媽們如果孩子還小，可以找一個正職工作加一個彈性斜槓，先陪孩子，為未來做準備。

♥ 斜槓可以讓認識的人變多、視野變廣，像我以前在診所都是跟病人的一面之緣，客人拿了藥就走，現在不管是食品面交、醫療器材的介紹或是當講師，可以認識不同產業、不同層次的朋友，讓自己的視野更寬廣。

越來越穩定。」

像貓藥師跟貓媽咪這樣的美食宅配經營模式，很值得擅長料理的媽媽們參考。她們每次開團會比客人預訂的貨多做一些，除了客人訂購的數量，再抓一下預訂賣得掉的量，當現貨賣掉；因為主婦做的菜沒有添加物，不能放久，所以她們不能抓太多，除了客人每次預訂的產品之外，多做的一些賣掉就沒有了，就要等下次開團才能買，因此沒有囤貨的問題，這種營業模式，很適合小資創業的婦女。

文案、攝影、產品輪替也很重要

此外，貓藥師也建議想嘗試的人，要練習食物攝影、撰寫文案，因為像貓媽咪，雖然料理很厲害，可是對拍照就很不熟練呢（這裡工商服務一下，娘子軍常常開文案跟攝影的相關課程哦！）。

「網路上雖然省掉店面成本，但妳的文案照片就要吸引人，當然產品要好跟有特色一定是基本的，否則客人買完就不會回購。此外，如果一開始基本客源不多，要設計多一點產品輪替，否則客人冰箱有舊存貨，短時間就不會再購買同樣的東西，像我們一個月開一次團的收益，相當於上班族一個月的平均薪水，但這還是因為我們一家三口都是兼著做，如果全職投入，通路可以更廣，像是跟餐廳談合作、到公司行號遞名片，應該可以衝出更大的量。」熱心的貓藥師大方分享她們的經營祕訣。

除了以上的身分，貓藥師目前還是一位特約講師，常去學校宣導用藥安全，這部分也有講師費的收入。最一開始是她參加的藥師公會傳達衛生局計畫案的訊息，後來她把這些邀約成果再發表在粉絲團，就有更多公司行號及政府機構邀請她。粉絲團經營有成的她，因為藥師身分具有不同專業信任度，也接受商業邀約，之前跟保險公司、健康食品、奶粉等等都有合作過；此外她還跟藥商朋友合作銷售醫療器材，這部分因法規較多，所以她選擇不在網路上販售。

只是經營社群三年的時間，貓藥師就讓自己從受僱藥師，多出這麼多斜槓收入，相信可以給不少上班族媽媽參考哦！

肯定自己想做之事的價值

從外商主管裸退的親職作家

臉書搜尋：羅怡君：孩子教我們的事

斜槓身分：媽媽／作家／講師／活動主持／首頁讀書館館主

「那時候的狀態，是工作上累積到某個程度，開始有點餘裕，覺得工作對妳的刺激慢慢減緩。一般人通常都會選擇換工作，可是我當時認為光是換工作無法解決我的問題，反而會因為跳槽後有更好的收入，又落入溫水煮青蛙的狀態。我內心的思考是：現在的工作繼續做下去還能做多久？如果過了十年，我還能保持一樣的熱情和動力嗎？還是可能失去了競爭力後，不敢再有任何改變？」

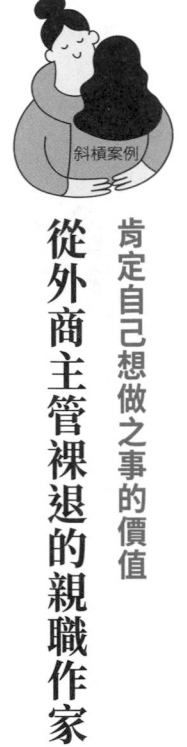

三十幾歲就是外商公司主管，事業如日中天的羅怡君，並不因為身處職涯中的高峰而覺得滿足，反而在那時候自覺，如果繼續在原單位待下去，有一天，她可能連轉換跑道的機會都沒有了。

轉換跑道，是對下一個十年的自己負責

一直在關注社會趨勢的她，心知肚明，在這個時代，不管是什麼職業，都講求創新，過去大家覺得穩定的工作，現在反而不是個優點。面臨人生中別人難以理解的低潮，她雖然也考慮過要轉職，但仔細評估以後，覺得真正的問題不是「在哪裡工作」，而是需要對下一個十年的自己負責。

仔細思考，她發現在原本工作中最能引起自己興趣的是各種社會議題，如果可以找到一個新的選項是能夠兼顧家庭的，或是自己一睜開眼就非常想去做的，或許是她可以嘗試的挑戰。當時，她想到的，就是與教育相關的工作，有可能會給她遠大於目前工作上老闆肯定的成就感。

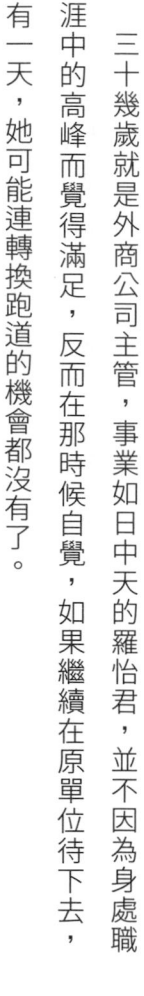

我記得，跟怡君是在新書座談或親子相關活動認識的，一開始跟她不熟，只知道她是教養書籍《刺蝟媽媽與穿山甲女兒的思辨對話》的作者，常常在親職的頻道或活動看到她，總覺得她應該是個非常有教養理念的媽媽。

後來，可能真的有緣分，幾次的活動相遇，讓我們一下子就熱絡起來。我覺得最有趣的，就是我是內向人格特質的人，她則是超級外向人格特質的人，她甚至為了好好理解內向人格特質的女兒，還經營了一個社團「愛，我的內向小孩」，來討論怎麼跟內向人格的人相處，但我們相處上卻完全無隔閡（我自己覺得啦！）。

很喜歡她直來直往的個性，以及善於分析策略的特長，跟她經營社群、一連串教養或親職相關著作的爽朗風格比起來，我更欽佩她在口語表達的幽默與犀利。而這些讓人喜愛的特質，同時又結合她對教育、教養的熱忱，讓她一路出了六本書，演講邀約、合作不斷，但這些其實都跟她當年的工作完全沒有關係。

「前一份工作離職時我已經有小孩，因為小孩所以接觸到教育，發現到自己的興趣度很高，也會覺得自己若對教育做了什麼或改變什麼，就會很有成就感。原先上班的工作有機會接觸公益團體，所以我對於社會議題或公益的部分也很有熱情，會不自覺去注意這些新聞，自己做連結；所以在轉換的時候就思考，想法不需要那麼侷限，除了換工作之外，我有沒有可能換一種生涯？」

曾經想過騎驢找馬的怡君，其實也躊躇過，後來覺得既然不可能在公司待一輩子削弱自己的競爭力，就乾脆展現決心先離開後，重新整理再出發。於是她在還沒有計畫的狀況下，毅然辭職，打算第一年先花老本過生活，算是對自己的投資。

同時，怡君的女兒剛上小一，開始閱讀並接觸新事物，有很多想法，怡君把自己跟女兒相處的過程寫下來，沒多久就被一些媒體看到並轉載，讓她得到肯定，也有動力繼續寫下去。

和怡君接觸的過程中，我發現，她的觀點常常和別人不同，讓我很驚豔，也觸發了我用不同方式來思考，相信很多喜歡她的網友也是這麼覺得。不一定是大家眼中所謂專家或老師的教養觀才值得參考，重要的是她對事物的觀點，如何做出不一樣的選擇。

網路寫作到第六個月，有出版社問怡君要不要合作出書，促使她認真思考，這就是她下個階段要走的路嗎？一旦投入，可能就很難再回職場，但她很快就下定決心，做出了她的選擇。

「對我來說，這是一個培養，也是一個等待。等待我自己有沒有新的想法出現、等待我自己有沒有新的面向出現，因為人三、四十歲後，是一個價值觀的轉換，我希望我往後十年，能為不同的價值觀奮鬥。」

聽到怡君這段話我好有感，四十歲的我，也面臨了為不同價值觀奮鬥的抉擇。

以出書討論關注議題，用社群帶領孩子實踐生活

出了第一本書《刺蝟媽媽與穿山甲女兒的思辨對話》後，怡君更專注在寫

作，是平常生活中最主要的工作項目，雖然還沒辦法成為收入，但起碼有一個重心在。出書效應也會有一些演講邀約，一連串開啟了不同的賺錢方式，演講帶給她更多自信，這條道路，她越走越順。

到目前，怡君的斜槓人生算是發展到中期，轉眼已是她離職第七年，總

怡君的斜槓心法

♥ 有些媽媽陪伴孩子會很鬱悶，或是一斜槓就過了頭，忘了不去上班的初衷是陪伴孩子長大，其實追根究底，是自己沒有肯定「陪小孩是一件有價值的事」。不管身旁的人有多少冷言冷語，妳都要明白，為什麼一開始自己會做出這樣的選擇，才不會離初衷越來越遠。

共出了六本書，都是她每個階段關注的重點，可能是孩子碰到的問題，或是整個外在環境影響……等；她特殊的個人潛質，讓她挖掘的議題都領先時事討論，只是出書的當下，有時社會共識還不成熟，所以單以銷售量來說，成績都不是太亮眼。但對她而言，重要的是她在某些議題的發言權，能夠傳達她的想法與理念。

出書後，她也開始經營小朋友的讀書會，得到更大的成就感。雖然很少在Facebook上招生，靠著大家口耳相傳，很多區域的家長都把小朋友送來參加。面對孩子的問題，直球對決並臨場反應，變成她的專長，她也希望運用這樣的方式，來建構跟別人不同的定位。

「其實很多小孩願意來讀書會，並不是這裡讓他寫作進步了，而是他可以找到趣味相投的朋友和得到意外的放鬆，這給我更大信心——我想要當一個能放心說話的大人，讓更多小孩子有這樣的人生經驗。」

最新的進度，是怡君忽然又開了間「Home Page首頁讀書館」，她認為這個社會裡給孩子的空間太少，特別是注重同儕的青少年，幾乎沒有可以討論聊天的地方，連去圖書館都會被嫌太吵，因此結合推動閱讀的想法，這間號稱是「可以說話的圖書館」也就因此誕生。

從認識怡君以來，雖然看到她每個階段，都有不同的社會議題在關注，但不變的是她仗義執言，不畏權勢的風骨，都展現在她所有的文字或演說上，特別是對青少年議題的發聲，總是讓我十分有感。接下來她還有個想法，就是可以帶領經營線下社群的孩子，讓想法真正結合生活實踐，從做中學、從團體中找到自己的定位，協助孩子們找到目標感，進而對人生產生動力與熱情，可說是結合陪伴孩子與社會價值的斜槓媽媽。

輯三

順應時代潮流，打造品牌&創造獲利，擁抱新人生！

女人啊，無論處於什麼樣的身分、處境，其實我們都仍擁有選擇的權利，能讓自己成長、學習，過得更好！

現在，妳準備踏出第一步，打開人生新頁了嗎？

說一個好故事，在社群時代打造妳的品牌！

那天我跟一位女性創業家聊天，雖說是女性創業家，但其實她的人生並不夢幻哦！幾年前，她的工作是品牌設計師，有一間個人工作室，平常接接零散的品牌包裝設計案件做。有一天，她想，與其一直幫別人操刀，不如也嘗試看看自創一個品牌吧！順便也看看自己的能耐。正好她的阿祖是中醫師，留下了幾帖養身的方子，家裡的子孫們雖然沒有人再從事相關的行業，但一直傳承著這幾帖方子，平日熬來保養身體。她自覺很受用，於是決定把阿祖的方子分享出去。

她開始嘗試在家裡的廚房熬煮、包裝，並且透過自己擅長的品牌設計，打造了一個個瓶裝高雅的養身飲，讓忙碌的現代人，可以打開冰箱，就馬上喝到她們家的祖傳祕方。

很快的，她得到了政府的創業補助，也準備找中央廚房量產，一個小小的點子，居然點燃一個大事業的可能性。

這是什麼呢？這就是打造品牌。

妳的創業，為什麼無法成功？

很多女性們，其實也嘗試過要「創業」。但什麼是創業呢？創業就是「賣東西」吧！於是，我做了幾罐辣椒醬，放在Facebook上，問大家要不要買？一開始，還不錯哦！朋友為了支持我，都馬上捧場，但是一個月後，我再做出來的辣椒醬，卻沒有人買了。因為，上個月買辣椒醬的朋友家裡都還有，雖然他們說要幫我介紹客人，但是後來發現，辣椒醬在網路上、超市裡的選擇很多，還有一些品牌甚至有名人加持，於是，我開始想辣椒醬可能不是一個適合創業的產品，因為賣辣椒醬的人太多了，不然，我就來賣我婆婆教我做的控肉好了，挺好吃的。

結果控肉一推出，發現朋友有的不愛吃肥肉，賣的量比上一次還少；而且為了採購，忙東忙西的，還被老公說：「妳忙半天究竟是賺了多少錢，不如把小孩顧好，最近兒子因為妳都把注意力放在做生意上面，功課不是缺交就是錯誤一堆，老師還在聯絡簿上提醒我們。」

上面的故事，應該發生在不少想著要經濟獨立，結果才開個頭，就不受到家人支持與祝福的女生身上。

有些人在網路上賣東西賣得嚇嚇叫，為什麼我明明也賣同樣的東西，卻賣不出去呢？

這就是「品牌效應」。相信大家自己在選擇購買產品時，除了價格以外，品牌一定是非常重要的考量因素之一。不過，有些人可能會有這種誤會：「有啊！我幫我的產品取了名字，可是，我沒有錢打廣告，讓它有名氣。」

其實，有名氣跟好感度，是兩回事。

更難的是，現在的消費者都很聰明，妳想賺他的錢他們都知道，那就要看想不想讓妳賺他的錢了。

我們可以說，打造品牌的第一步，就是找到一群非常喜歡妳的粉絲。

所以，一個好的「品牌」，不見得要廣為人知，但一定要有一定人數的消費者，對它有好感。

我還記得我跟前面那位養身飲的女性創業家聊天時，她跟我說：「我以前看到一本書上說，只要妳擁有兩千個鐵粉，妳要賣什麼都可以，就可以存活下去。」

這句話的確是有某程度的可信度，但我覺得還是必須要建立在「妳所賣的東西，是不是這群鐵粉所需要」的前提上。

所以，我們可以說打造品牌的第一步，就是找到一群非常喜歡妳的粉絲。

有人說，那只要我的產品好，大家就會很喜歡我了吧！當然，這個論點也不能說錯，正所謂「酒香不怕巷子深」。

不過大家會發現，身旁有很多好產品，其實最後還是因為某些因素而無法經營下去，明明東西很好啊？

這很可能就是因為，它所擁有的消費者忠誠度，不足以支持這家公司繼續存活下去。為什麼呢？當然，一家公司無法存活，一定有一些其他經營上的問題，但是如果我們純粹從品牌銷售的角度來說，就是沒有足夠的消費者繼續購買它，甚至可以說，這家公司沒有給消費者購買它的理由。

這樣講有點遠了，我們再回到，「為什麼」這個家庭主婦的辣椒醬賣不出去呢？明明很多人喜歡吃辣，每個人家裡冰箱幾乎都會常備辣椒醬啊！但他們就是選了別人賣的，理由是什麼？

用「黃金圈法則」促發妳的消費者行動

我來跟大家介紹一下，行銷人都很熟悉的一個理論，叫做「黃金圈法則」。黃金圈法則的發明者是賽門・西尼克（Simon O. Sinek），他是一位作家，因為發現黃金圈法則而出名。他的 TEDx 演講「偉大的領袖如何鼓勵行動」

是 TED 大會裡影片最多觀看數的第七名。

黃金圈法則，主要就是說明當妳要傳遞訊息去改變別人、激勵別人的時候，最有效的方式是從 WHY 到 HOW 到 WHAT，也就是先告訴別人「為什麼要達成這個目標」，然後教他「怎麼做可以達到這個目標」，最後跟他說「妳現在可以做些什麼」。

這個理論雖然當初是被賽門．西尼克用來說明偉大的領袖如何激勵行動，但也最常被應用在行銷上面，說明怎麼促發消費者行動。

聽起來可能有點抽象，我們來舉幾個例子，大家或許就比較能夠理解。

首先，來破解「律師娘講悄悄話」的幾個套路好了。

今天律師娘寫了一個動人的故事，是有關一個大老婆跟著老公打拚事業多年，最後老公事業有成，卻有了外遇，打算離婚跟第三者在一起，而且還想脫產，不想分財產給跟著他辛苦多年的元配。於是阿富律師就教這個可憐的元配如何搶先一步假扣押，並且勇敢地打官司爭取親權及財產，拿回自己應有的權利。

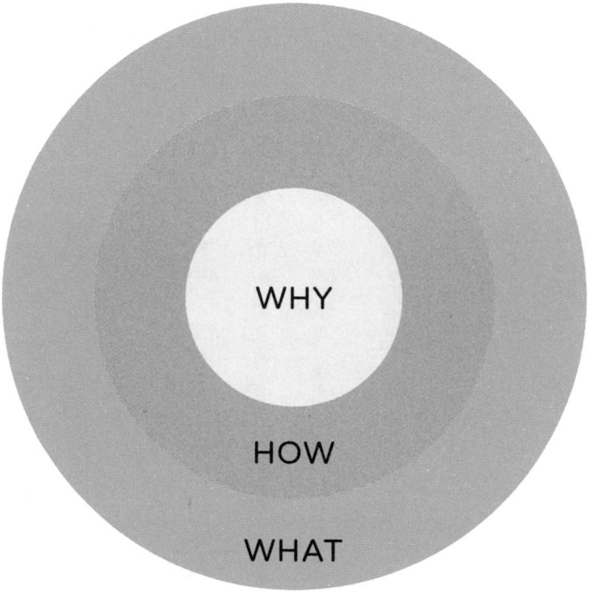

賽門·西尼克的「黃金圈法則」。

在這個故事（貼文）當中，我們會覺得這個元配也太可憐，這個老公也太可惡，於是我們就會覺得女性的權益應該受到保障，可是應該怎麼做呢？律師娘說，趕快把這樣的案例跟法律知識分享給朋友，不要再讓更多為家庭犧牲付出的女生，辛苦一輩子，卻被這樣對待。

於是，妳就有可能把這則貼文分享出去。

但是，如果今天貼文的內容改成：「大家知道嗎？可道律師事務所的律師很會打官司，常常贏，我們很擅長家事、民事、刑事等訴訟，快來找我們打官司吧！」一方面可能會違反律師倫理規範相關的規定，二方面妳應該不太可能把這樣的資訊分享出去，三方面妳的內心話可能是：「妳講的也不知道是不是真的……」

也就是說，如果妳今天賣辣椒醬的時候，告訴大家妳的辣椒有哪些成分、怎麼做的、真的很好吃哦，消費者可能心中也會半信半疑：「妳說的是真的嗎？」又或者是無感，覺得其他大品牌讓人更有安全感。

可是，前面說過我曾經幫一位當家庭主婦多年、六十幾歲的媽媽，介紹她自己做的私房菜，她一輩子沒自己賺過錢，也對自己很沒有自信；但她敢擔保，自己做的菜，因為都是給家人吃的，所以有她的愛，營養又美味。我跟大家說：「大家給她一點鼓勵吧！妳們不覺得，媽媽為我們付出一輩子很辛苦嗎？讓我們多給她一點支持，讓她有勇氣跟信心！」結果在那之後，一大堆網友都成為這位媽媽的私房菜粉絲——當然，也要這位媽媽真的有實力。不過，大家既然每天都要吃東西，不如就選擇買這位媽媽的私房菜，幫助婦女創業。來吧！來吧！看賣什麼我都買。

這就是從 WHY（因為要支持婦女創業）到 HOW（所以買她的私房菜吧）到 WHAT（我想知道她有什麼產品），高效能的資訊傳遞方式。

因此，今天如果我們想要用低的廣告預算，去做到高效能的行銷結果，「黃金圈法則」是一定要去理解，並思考怎麼應用在我們的行銷策略。

其實，創業行銷非常地有趣，當妳的想法打動別人時，是比賺錢更快樂的事。

我還是要說，創業雖然起頭難，但在社群媒體崛起的這個時代，說一個好故事，告訴大家「為什麼」，真的有機會讓妳突破重圍，創造奇蹟！

盤點自己，找到妳的「網紅特質」&「消費者輪廓」

之前，我去參加了一場網路直播講座，談到現在最夯的職業就是「網紅」了。看起來每天都在做自己想做的事情，還可以拿來賺錢，真好。

主持人問我，覺得自己在網路上會被追蹤的三個特質是什麼？以及覺得追蹤我的粉絲們的特質又是什麼？

我想了一下，以我自己的角度，如果我會去「友善」關注一位公眾人物，通常是因為這個人有我想擁有，卻暫時或永遠無法擁有的生活或條件，譬如他的職業、他的所處環境或是他的個人風格等等，又或者是他所呈現的內容，不管是文字或影音，都是我想知道的議題。

所以換個立場來想，會追蹤我的粉絲，要不就是喜歡看我的文章，要不

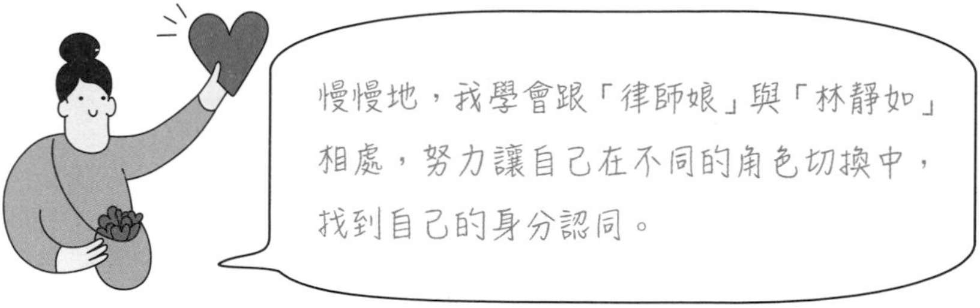
慢慢地，我學會跟「律師娘」與「林靜如」相處，努力讓自己在不同的角色切換中，找到自己的身分認同。

就是希望擁有「文章裡所呈現的我」的特質。

斜槓的角色切換與身分認同

其實文章的內容，真要找並不稀有，不管是法律知識還是兩性議題，在這個知識爆炸的網路時代，打開Google輸入關鍵字一搜尋，都有超過千篇的文章（希望大家想到我，不會只有想到「離婚」跟「外遇」兩個關鍵字）。因此，回歸到原點，今天「律師娘講悄悄話」粉專，走到擁有三十多萬粉絲的追蹤，多多少少，還是因為某些人在看文章的時候，找到一些他們想要的「感覺」。

什麼樣的「感覺」呢？我記得前一陣子，看到一位大陸的知識型網紅分享，寫文章，是要寫出別人的感受，把他們想說（或不能說）的話說出來，而不是只說自己想說的話，我覺得滿適合想要在社群闖出一片天地的人參考看看。

早期我的文章，總是以女性的角度，寫出他們在各種角色中的心情，像是全職媽媽、家庭主婦、職業婦女、女朋友、太太、媳婦……甚至連外遇的對象，我都寫過。

人在看電影、文章、唱歌時，總會投射自己在角色當中，抒發自己的一些情緒與需求，我想或許是很多人可以在我的文字中，找到自己的徬徨與不安，藉此感受到被理解，也因此對「網路上的我」有了好感。

我還記得有一天晚上，大狀廚房來了客人，其中有一位女生長得又高又漂亮，卻一直拉著我說，她是我的粉絲，跟我合唱一首歌曲時，看著我的眼神裡都快噴出火來了，這個眼神，我只有在老公剛追我的時候（更正：還沒追到我的時候）的眼裡看過。那天我都還沒化妝，臉色暗沉，下巴長了生理痘，都想遮著臉跑去上個妝了。

所以回到一開始，我跟大家提到的，網路節目主持人問我，我會被追蹤的三個特質……更正確地說，應該是「律師娘」會被追蹤的三個特質，我當時的答案是：「可能是『溫暖』、『智慧』跟『堅定』吧！」

喜歡律師娘的人，或許是覺得「她」溫暖有同理心，了解女生在想什麼？有智慧，所以給大家很多實用的建議，一路走來有許多發展，一定是很清楚自己想要什麼，所以做了很多大家在想，但是卻沒有執行的事，像是出書、演講、輔助先生發展事業、自己也勇敢創業等等。

其實，一直以來，我也很努力讓自己「網實合一」，說的話盡量要言行一致，所以當大家眼中的律師娘是又堅強又聰明時，我也不怕讓大家的幻想破滅，在罹患產後憂鬱症時，坦白地告訴大家，我也是普通人，我也會生病，我也會需要別人的幫助。

但畢竟，是普通人的我，也有不想要別人知道的小劇場與隱私，所以，大家眼中的「律師娘」跟現實生活中的「林靜如」，一定還是有距離的。

我曾經為了這樣的「距離」，感到愧疚跟罪惡。當我跟老公鬧脾氣的時候，當我對小孩不耐煩的時候，當我對朋友小氣的時候……我會覺得，這時還

模式	項目	說明
個人品牌自媒體經營	廣告收入	透過自有頻道經營粉絲獲取訂閱與流量，透過平台（如 Youtube）投放廣告曝光後，獲得平台的廣告分潤收益。或於頻道版位中，置入相關網路廣告（如 Google AdSense），以流量賺取收入（為現行 Youtuber 主要經營方式）。
	粉絲贊助	於經營頻道和內容時，利用平台廣告贊助機制，如 Donate（俗稱「抖內」），透過粉絲捐款獲取收益（此為直播主主要經營方式）。
	會員經營	可自訂會員層級（如 FB 會員專屬社團）或使用平台會員機制（如 YT 會員），透過提升層級的會員收取固定月費獲取收益。
個人品牌付費合作專案	業配	以文稿或影片等形式，與品牌或廠商配合，刊載於個人品牌自有頻道上，亦稱「置入性行銷」，形式較屬於單次專案合作，通常以專案合作之報價或與品牌廠商拆分利潤為主要獲取收益方式（此為 KOL 最普遍配合經營方式）。
	代言	與品牌合作，成為特定品牌、產品或服務的廣告代言人。於合約期間內，不得公開使用或宣傳其他同質性產品，和損及產品利益的行為，代言合作的內容以雙方議定為主，通常以年做為單位進行合作專案規劃，品牌可於代言期間內使用其肖像權做為廣告宣傳之用。此合作方式形式同藝人代言，通常費用較高。
	冠名贊助	透過品牌提供贊助，為網紅經營內容時曝光，於內容播放時出現品牌名稱或產品，常見於 Youtube 和 Podcast。
	提供專業服務	以本身專業能力提供服務，如顧問建議、平面設計、人生諮詢或職涯諮詢等。已具特殊專業者為主（如平面設計師、營養師、心理師等）。此方式因專業領域各異而收益有所不同。
	聯名合作	與品牌或 IP（Intellectual Property）跨界合作，共同推出新商品、特定款式進行販售，或提供特定服務，例如字體公司和個人品牌開發專屬字體（如粒線體、文強體）。
	產品開發	以個人品牌為主設計新產品或服務，將其導入市場，與聯名合作的差異在於產品開發屬於網紅主導，非和品牌合作。
其他經營獲利方式	團購	形式接近業配，與品牌合作，介紹特定商品給粉絲，但產品販售需具一定規模，利用大量的販售，從中獲取利潤和收益。
	代購	代理購買，指幫忙購買客戶需要的商品，從中得到服務或價差的利潤；主要由於部分品牌對其產品於不同國家、地區設有不同規格或售價，相關服務應運而生，但必須注意不同國家的法律規範。
	聯盟行銷	在網站附上專屬連結，當有人點擊這個網址，連結到廠商或品牌網站進行消費或是完成某個項目時，即能賺取分紅。

常見的網紅獲利方式。（資料來源／大好書屋編輯部整理）

在社群網路上大放厥詞的律師娘，不是有點虛假跟做作嗎？

不過慢慢地，我學會讓「律師娘」與「林靜如」好好相處。律師娘是工作，林靜如是生活，工作跟生活是可以協調跟共處的，特別是在現在這個流行斜槓的時代，律師娘／林靜如／貝貝的媽／大律師的老婆，我就如同大家一樣，努力讓自己在不同的角色切換中，找到自己的身分認同。

妳的消費者輪廓是什麼模樣呢？

剛剛提到，早期我的文章多是代替女性，說出她們在不同角色中的心情或期盼；但畢竟人生有不同的階段，近期的我，除了會在粉絲團賣賣大狀廚房的美食之外，反而更喜歡跟大家分享中年以後的人生藍圖。

這樣的改變，不僅是我個人內在的變化，其實也反映了我在文章一開始提到，主持人問我的第二問題，追蹤我的人又擁有什麼樣的特質呢？

行銷上有個名詞，叫做「消費者輪廓」，也就是販售商品的人必須要了解，妳販賣商品的對象，是什麼樣的人，年紀大約幾歲？男性或是女性？單身還是已婚？從事哪一些領域的工作？消費習慣是什麼……等等。

如果要我想像「律師娘」的消費者輪廓，應該是三十幾到五十幾之間，關注家庭及兩性議題，或許還想要多賺點錢，並對生活有些不滿或不安的女性朋友們吧！

找到需求，是銷售的第一步。

雖然我不是商業或行銷相關科系畢業的，不過大學畢業後，幾乎都走在創業的路上，對於做生意，我說不出什麼厲害或艱深的理論，但總是有些敏感度的。

我知道，很多女性，在我這個年紀（本人目前四十有二）及人生階段（有夫有子女，還有做不完的瑣事），其實是很徬徨不安的，不管是在經濟上或自我實現上。這也是我從早期兩性議題的文章，進化（？）到更喜歡寫創業或生活管理的文章，所以我最近跟協助我寫寫廠商合作文的助理說，妳是復古的律師娘，我現在是寫實的律師娘，不太愛寫風花雪月了。事實上，

在我心中的桃花源裡，寫實才是我最極致的浪漫（因為罵別人老公獲得的讚一定比較多）啊～～

律師娘的2.0版本

不過，我想跟我的消費者輪廓們分享，我最近看到的一本書《年屆四十，中年迷路》（흔들리는 나이 마흔），作者姜善英是一位心理諮商師，書中提到很多在中年會出現的迷惘與解答。當然，這些解答不見得都適用每個人，但可以提供給跟我一樣正在迷路跟找路的中年婦女們，一些尋找自己的方向。話說回來，可能有時候我們會覺得迷路的是身旁的人，哈哈哈！

「不安是人生課題未解，重新盤點現狀，找到最值得努力與期待的事。」

書上的這段話，正說明了律師娘2.0現在正在做的事情。

所謂的現狀，不只包括妳的個人資歷、家庭生活條件、經濟狀況，也包含過去經歷所累積的妳，現下的心理素養。

不管妳是不是想跟律師娘一樣，變成這個時代的特殊產物，做一個有轉換率（單次廣告互動的平均轉換數，以百分比表示）的網紅，或是跟林靜如一樣，很貪心，愛新鮮，什麼事情都想做，斜槓、斜槓再斜槓，最重要的，都是要盤點跟覺察自我，妳是一個什麼樣的人？喜歡做些什麼？擅長做些什麼？當然，我們有我們在生活中所扮演的角色，所以，妳也得兼顧自己需要做些什麼？

所謂「責任」，就是得對自己有要求（這是今天早上我在簽兒子聯絡簿時看到的金句）；中年的我們，要偷懶也不是不行，可是，我們都有小小的初心，希望家人跟自己都可以過更美好的生活。

我很喜歡滑滑 Facebook 看一些商業或生涯的的文章，最近看到的一篇裡面就談到，我們隨時隨地都在「出賣自己」，包括出賣自己給老闆、出賣自己給朋友、出賣自己給家人。其實，生活中處處是銷售，雖然妳想要得到的不見得是金錢、地位，而是情感與溫暖，但是找到自己想要的東西，並努力地追求它，在這個過程中，我們本來就必須先付出。

「不安是人生課題未解，重新盤點現狀，
找到最值得努力與期待的事。」
——姜善英

我很喜歡《年屆四十，中年迷路》這本書裡的幾句話，像是推薦序的標題「讓妳的四十歲散發淡淡珍珠光澤」，或是作者說的：「四十歲是值得祝福的年紀。」因為，這時的妳，知道比外表妳比不過那些荳蔻年華，比體力妳比不過那些青春兒少，比智力妳比不過那些嶄新的記憶體；但妳擁有的，是他們所沒有的歷練，這些東西，可以是妳的加分，也可以是妳的減分，只有盤點妳自己、了解自己、為自己而活，才能夠在照顧好自己之餘，也能照顧好妳所愛的人。

定位品牌核心價值&競爭力，創造超越想像的獲利

我想，每個人或多或少都有過創業夢吧！其實，妳只要不把創業想成一定是設立一家公司、請幾個員工、找會計師記帳、每天要賣出多少產品、跟客戶簽約開會……等傳統模式，生活中處處有「創業」的可能性。

譬如說，現在有很多主婦在做「團媽」，利用社群軟體的便利性，開一些LINE群組或社團，找到合作的廠商，或是請朋友去日韓帶貨，就可以每天成交一些零散的訂單，小至自己的一點私房錢，大至一個月幾十萬到一百多萬的營業額，其實我都有聽說過。

或者是像現在類似Uber、Uber Eats、熊貓等駕駛或外送員，其實也是一種創業，因為他們跟平台之間簽立了承攬契約，不會有固定的薪水，自己決

定上下班時間以及是否接單，也算是某種模式的老闆。我的朋友裡也有同時具備好幾種身分的，例如一位婚顧公司經營者，用個人品牌經營部落格，所以同時是創業家／講師／作家／個人形象維護教練／網紅（業配合作），但她多數的服務都是外包的，並沒有聘請全職的員工。

讓被動收入為妳槓桿出源源不斷的利潤

其實這一型的人格特質，多數是對自己的自我要求高，也很有紀律，畢竟很多斜槓收入一開始要付出的金錢（學費）或時間也不少，如果不是原本就有一份穩定的正職工作，或是身旁有人支持，要走到這一步並不容易。即使在這樣的狀況下，還是有個風險，就是如果生病了，寫作、演講都是一定要親自上陣，很可能就得中斷收入。當然，上班族也是一樣的狀況，所以喜歡看理財相關書籍的人一定理解，所謂「被動收入」的觀念。

譬如保險業務人員之於他們的業務獎金，也算是一種被動收入，如果突然生病了，即使一、二年沒辦法工作，也有可能還繼續領取過去所簽保單持續分配的業績獎金。現在，有些保險經紀能接受業務員不太需要進公司，以承攬的方式跟公司合作，所以我也有一些朋友雖然有其他事業，但還是跑去考金融保險相關證照，並掛在某個保險經紀公司下面，偶爾透過人脈關係成交一些保單，賺點斜槓收入。

還有一種網路上被動收入的方式，叫做「聯盟行銷」。這是透過一些購物平台的機制，只要加入會員，就會擁有自己專屬的購物連結，如果有人透過這個連結去下單，妳就可以得到一定比例的分潤。所以，如果妳經營自己的社群或建立部落格，讓人搜尋後因為妳的文章而點進連結購物，即使妳在睡覺，網路帳戶裡就悄悄地累積了分潤收入。我之前遇到一個專門寫網路行銷相關文章的部落客，因為其中一篇導流的文章網路搜尋熱度高，一年居然也累積了十幾萬的被動收入。

很多人可能以為，要有多元的收入，就必須要有很多的時間，其實這是不太正確的觀念；如果拿時間來換金錢，只能說是打零工兼差。真正發揮得淋漓盡致的斜槓，就是要想辦法把所提供的產品或服務，透過自動化的方式，讓自己花一次的工，或是花比較少的時間，卻能槓桿出源源不斷的收入，也能避免自己因為人身的變故，而無法再賺錢。

品牌信任度

我最近就跟老公提到，想當主婦斜槓的經紀人，教大家如何經營個人品牌、找出自己的特色，開創不一樣的人生。

於是我開始嘗試把我個人的邀約，找到相同屬性的朋友轉介出去，沒想到真的也成功了幾次。

這是因為，當了那麼多年的講師跟來賓，有一次因為已經有排定的演講行程，卻臨時碰上家人有看診陪伴的需求，我開始覺得，「非我不可」的工作內容，其實潛藏著風險，不只有可能無法履約造成別人的困擾，更有可能因此錯過自己重要的人的大事。所以近年來，當我在工作的時候，我總會思考，怎麼樣把我的個人專屬模式，切換為別人可以代工的模式，只要保留自己最核心的價值及競爭力即可，那就是「品牌信任度」。

我認為，在這個時代，如果妳能夠以自己或自己的品牌為中心，打造出獲取流量跟信任度的平台，就有機會在潮流的變化中生存，並且創造超越想像的獲利。

以我所經營的「娘子軍」平台，建立在提供女性一生所需、所在乎的信任度上，不只是在婚姻、法律、創業、團購、課程、交友上，都有經營的模式可以發展，也讓合作的夥伴，跟著娘子軍一起學習、成長，更是我自己在社會價值的回饋上，覺得工作又快樂又有成就感的人生目標。

建議大家，發想自己的斜槓，可以從自己最在乎的社會理念開始哦！

真正發揮得淋漓盡致的斜槓，就是要想辦法把所提供的產品或服務，透過自動化的方式，讓自己花一次的工，或是花比較少的時間，卻能槓桿出源源不斷的收入。

無畏改變，擁抱關係新模式

曾經有一段時間，我非常懊悔經營了這個追蹤人數已三十多萬的粉絲專頁「律師娘講悄悄話」，甚至一度想要關閉它。這件事我很少對人家說過，相信聽到的人一定非常驚訝。

為什麼呢？

如果是一直在外面上班的職業婦女，應該會比較習慣總是要在工作與家庭兩端奔波與取捨。但是從大學畢業就一直跟在老公身旁工作的我，幾乎都是以老公的人生為人生，他想做什麼，我就跟著他做什麼，也覺得這樣很浪漫，一生相許，不離不棄。

當「律師娘」，曾經讓內向人格的我，與「本我」越走越遠

第一次，我感受到所謂的「自我」，就是從出版社邀請我出書開始。我還記得，那時非常害怕面對人群的我，還拉著老公陪我一起去跟出版社的社長與編輯開會，整個討論過程，也幾乎都是老公在說話。

後來，因為主婦鋼鐵般的意志力，我利用每天孩子睡著以後的深夜時間，在二個月內，把第一本書硬是生產出來，覺得終於完成人生代表性挑戰之後，我才發現真正的考驗這時正要開始——原來，作者的工作，並不是只有寫作而已。當然，如果妳實力夠強，脾氣夠硬，妳也可以跟出版社說，書稿交了，我的任務就完成了，賣書，就交給你們啦！

但多數的作者，都會希望自己寫的書暢銷，最少，也不希望自己害出版社賠錢嘛！所以，在新書出版上市之後，通常會盡力配合出版社宣傳，跑跑通告跟活動。

我是到第一本書出版上市，編輯通知我，接下來有哪些預計敲定的行程，

才發現事情沒有我想像的那麼簡單；起碼之於我，寫稿不難，但是要面對跟外界的接觸，卻是我最大的弱項。

不管是第一次新書發表會或上廣播節目通告，都讓我緊張地幾天前就輾轉難眠，壓力指數爆表；過程當中，也像被蟲咬一樣，希望趕快結束。我後來才知道，有一種人格特質，叫做「內向人格」，這樣的人不善於社交與熱鬧的場合，需要獨處及和自己對話，一旦被迫要面對人群，就得有說服自己的強烈理由，才能讓自己融入其中，但終究算不上自己喜歡的事。

雖說不喜歡，但我的個性總是這樣，要做就認真做，盡量與別人配合，結果，有很長一段時間，我都在看似追求自我的實現中，漸漸和那個「本我」，越走越遠。

一直到不小心懷了貝貝前後，我因為忙碌、睡眠不足及荷爾蒙分泌的變化，患了產後憂鬱症，才開始思考，前幾年我努力追求的，究竟是什麼樣的價值，它未來還是我想要的嗎？

不需要怕改變，學習生活與關係的新模式

我雖然不是專業的身心科背景人員，但畢竟自己走過一遭，實實在在體驗過什麼是憂鬱症（據說這病還不會好，只能選擇與它共存），所以先簡單說，起碼對我，它是逼迫妳價值感低落，覺得自己什麼都很糟糕的「中邪」狀態，當然，患了憂鬱症還會有其他各種奇怪的鬼打牆行徑，容我以後跟大家慢慢分享。

在憂鬱症最嚴重發作的那段時期，我曾經覺得，就是因為經營了這個高人氣的粉絲團，才讓我壓力這麼大，責任這麼重，又常常跟我老公吵架（這是祕辛，既是祕辛，大家就沒得聽~哈哈），如果讓我回到以前單純的家庭主婦生活多好……那麼，是不是只要我關閉這個粉專，一切就會回到像過去那樣美好？只是，雖然幾度深刻地有這樣的想法，但畢竟生病的我，還是有尚存的一絲理智在，知道現在的自己有擔子在身，不能做這麼任性的事情。

不過後來有一次，我跟一位好朋友聊到這個心境的變化，她告訴我：「就算妳關閉這個粉專，一切也回不去了，妳不會再是以前的妳。」我當時很

震撼，所以，我再也找不到過去單純的日子了嗎？

我很感謝這位好朋友，在我生病發作的期間，總適時給我很受用的支持，至今她在我憂鬱症時對我說過的話，還常常迴盪在我腦海裡，讓我用另一種外向人格（也就是我老公）的想法來反思。

「其實，每個人在人生各階段都在變化，只是變多變少，過去契合的人未來不見得契合，但這也沒什麼不好，就學著用新的模式繼續相處下去。」她當時這麼說。

我又想起，有一次我跟出版我第一本書的社長、挖掘我出書的編輯餐敘時，她們跟我說：「妳不知道妳變超多的嗎？以前第一次見面的時候，妳躲在妳老公身後，都不敢說話，現在不只人變漂亮了，個性也獨立許多，我們常常在討論，妳老公都不會擔心嗎？」

一句話驚醒夢中人啊！

原來當我活在自己如夢幻般的人生際遇中時，都沒有想過，我這些變化帶給老公的衝擊（愛面子的他一定不承認），然而，為什麼我自己沒察覺？

家庭主婦的斜槓人生，不只是多一個收入而已，而是面對自我與家庭間，數千萬個取捨與衝突。

我想說出來可能很多人都不相信，因為我根本認為我沒有變啊！一樣是那個不怕困難，遇到什麼怪就打，遇到什麼苦就吃，外界繁華與我何干的家庭主婦啊！可能我這幾年的際遇實在太傳奇，所以大概沒人相信，我其實還是那個不愛人群，最喜歡的事就是跟小孩在床上纏綿打滾的林靜如。

可是，人生階段不同，妳也會對自己有不同的要求，孩子會長大，妳不能總是賴著他；老公可能會生病，妳不能總要靠他照顧妳；而不管是跟妳再親密的人，都會有他們需要的空間。妳得學會有時候要一個人，不要帶給別人困擾與負擔，而妳也希望，妳在親愛的人眼中是豐富精彩而多元的，雖然看似不好掌控。

總之，家庭主婦的斜槓人生，不只是多一個收入而已，而是面對自我與家庭間，數千萬個取捨與衝突，得有強大的勇氣與決心，如太平洋般的處世智慧，才能應對得宜（「老公～你是最棒的，你是我的天和地！」↑就像這種）。

把我當作標竿的主婦們啊（我老公都很愛笑說我是「主婦明燈」），我跟妳們說，不容易呢！妳要是做不好，老公會說，妳還是好好在家煮飯帶小孩就好；妳要是做太好，老公一臉複雜的情緒，妳都不知道今天的晚飯該不該好好煮，萬一不煮飯，他心中的小劇場會不會是「妳想翻天膩」？

家庭，是會進化的！

總之啊！這些困難，我最近在一本書《雙薪家庭進化論》（*Couples That Work: How Dual-Career Couples Can Thrive in Love and Work*）裡，看到有趣的解讀。

「打造神隊友，成就彼此的愛情與事業。」

「美好而成熟的伴侶關係，不是妳輸我贏，而是成就彼此。」

這本書的作者將夫妻關係發展分為三個轉變期：

第一次轉變：蜜月期過後

第二次轉變：中年危機

第三次轉變：空巢期

我嘗試用自己的方式，來詮釋這個「夫妻關係進化論」。

第一次轉變：蜜月期過後

以前只要吃喝玩樂、談戀愛過日子的兩個人，開始要面對成立家庭後生活中種種的壓力，最主要就是經濟來源跟育兒的工作，煩惱也變多了，很多現實的問題必須要妥協跟讓步。譬如，如果兩個人都要上班，小孩生病了誰來請假？或是房子登記誰的名字？家庭費用怎麼分擔？

這時候，兩個人的課題，不應該在要聽誰的、誰比較愛誰，而是放下情緒，常常開家庭會議，討論如何解決共同的難題。

第二次轉變：中年危機

到了中年，經濟或許穩定了，但是一些生理與心理走到生命中途的變化，很容易讓妳對過去的選擇感到困惑：對方真的是適合我的人嗎？我現在做的是我真正想做的事嗎？未來我的方向在哪裡？這時候很多人不是外遇就是出走，可說是婚姻最大的考驗；不過，也是出現一個機會，讓兩個人的關係走向一個新的格局。改變不是壞事，重要的是，我們要給對方足夠的時間、空間與包容，讓彼此思考對方要的是什麼？我們又能夠給對方什麼？有沒有共同的目標可以努力？如何同時能保有自己，又照顧到彼此？是雙方持續要思考的。

第三次轉變：空巢期

孩子大了，我們可能已經存好了退休金，少掉了很多壓力，但人生想要完成的事，在有限的歲月裡都有辦法做到嗎？其實，想做的永遠做不完，不如一起成為自己想要成為的那種大人吧！在離開這個世界之前，我們都

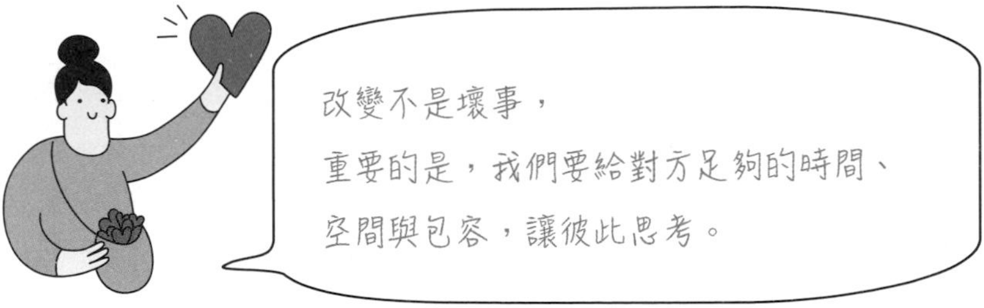
改變不是壞事，
重要的是，我們要給對方足夠的時間、
空間與包容，讓彼此思考。

有機會，成為自己眼中最好的人。
希望這些分享，能對走在不同階段的夫妻有幫助哦！

發揮想像力，把工作當修行就不苦！

「妳忙嗎？」

我猜聽到這個問題，大概很少有人會回答「我其實不太忙」吧！

我想說的是，不管妳是上班族或是全職媽媽，只要有想做的事沒有去做，妳就會有那種，「我都沒有時間做我想做的事」的感覺，這很正常，也很普遍。

因此，如果我們先讓自己接受，「忙」是應該的，「不忙」才奇怪，「不忙」很無聊耶！妳可能就會有機會覺得自己很幸福，有事情可以忙。

但是，妳或許會說：「可是，我忙，做的都是我不喜歡做的事啊！我真正喜歡做的事情，都沒有時間進行！」

那麼，如果能做妳喜歡做的事情，是不是就會覺得自己不忙呢？應該不會，但妳會說服自己，起碼我都把時間花在自己喜歡做的事情上。

好，所以假設我們把手上做的事情，都變成喜歡做的事情，應該就會認為自己忙得很開心，很有滿足感了？是吧？

以上這些話，不是在跟大家繞口令，而是這些年以來我一直努力在實踐的時間管理心法之一。

學會與工作相處，讓生命變得豐盈而厚重

大陸最著名的讀書會創辦人樊登有本書《工作是最好的修行》，裡面提到這樣一個理論：

「工作不是生存必要之惡，而是最重要的修行。

大多數人都有過工作的焦慮。

有的人把工作視為獲得美好生活不得不忍受的痛苦；
有的人期待財務自由，而致富之路卻如此漫長；
有的人厭倦於重複機械的工作，亟待解脫；
有的人渴望出類拔萃，卻不得其門而入。

其實，在人生的漫長之旅中，工作才是最好的修行方式。學會與工作相處，在工作中磨礪自己，讓我們的生命變得豐盈而厚重。」

讓我覺得非常受用。

就譬如說，寫過書的人一定知道，要完成一本書就像是蠶寶寶吐絲一樣，生命就像快要被掏空了，當下感覺自己好像再也寫不出更多的東西了。特別是很多作者，其實本身生活就已經非常忙碌，除了撰寫書稿以外，還得兼顧諸如養家活口、跟另一半吵架、陪小孩睡覺等行程，每次遇到要交出一整本書稿時，就得從生活中擠呀擠，跟擠牙膏一般，捏捏這裡、捏捏那裡，

學會與工作相處，在工作中磨礪自己，讓我們的生命變得豐盈而厚重。

推推推，居然還真的有那麼一點點的時間。

其實，我們在生活中，都有各自必須扮演的角色跟劇本，我在妳的戲碼中參一腳，妳在我的戲碼中跑龍套，然後演著演著，我們最想演的那一齣，卻常常都演不到。這個時候，就得靠自己的心態調整，來度過難熬的時光。

我在三年間和出版社合作了五本書，每次都覺得「我哪有時間」，可是後來多數都比出版社約定的時間還早交稿。

最主要當然是因為，可以克服自己的惰性，該晚睡就晚睡，該早起就早起——但其實，還有一個很重要的因素，或許就是人家所說的「心理素質」吧！

像是要出版這本書前，我盤算了一下，因為晚上要陪一位兩歲的小嫩妹睡覺，很容易我自己不小心就跟著睡著了，沒辦法再爬起來工作，所以除了白天要忙的事務所的事務、照顧小孩、陪老公聊天、廠商合作、跟朋友吃飯聊天之外，最有可能讓我準時交稿的時間，就是早上爬起來寫稿了。

其實貝貝出生之後，因為她睡得晚，所以我也跟著她晚起，對於像我這樣的家庭主婦及自由工作者而言，怎麼讓自己認真地開始「上班」，當然需要「自律」。而擁有摩羯座這種刻苦耐勞的人格特質，自律也不算難事，但總讓人覺得，自律就是要讓自己做不愛做的事（譬如減肥），或是不做自己想做的事（像是賴床），算不上開心快樂。

但我這種天性特別樂觀的人（最起碼是越活越樂觀），就會嘗試改變心態說服自己，在剛醒過來還躺在床上時自我催眠：「太好了，我等下就要來寫書。打開窗簾、泡杯咖啡，過著村上春樹的生活。」突然間，早起趕書稿，就變成我一天中最快樂的事情。

不知道有沒有人會覺得，這也太阿Q了吧！喜歡的事情就是喜歡，討厭的事情就是討厭，本質上就是不會變嘛！

嗯~或許是吧！不過，我們或許可以稍微調整成：喜歡的事情就是喜歡；

討厭的事情就當作是「修行」。特別是工作或非得做不可的事，我就會告訴自己，其實也沒那麼糟糕，好像再努力想一下，也能找出那麼一點值得我去做的理由。

把生活難題加上一點想像力

就譬如說，洗碗這檔事好了。我從小就很不喜歡洗碗，而剛好我母親是全職的家庭主婦，又疼小孩，所以在我認識阿富律師之前，幾乎沒怎麼洗過碗。

大概是報應來了，剛跟阿富律師交往不久，我就因為跟他一起開了一家百坪的火鍋店，每次洗碗阿姨休假時，就要去洗跟山一樣高的碗。

我還記得，當時我們頂下的那間火鍋店，店內有一台營業用的洗碗機，只要把碗放進去，它在很短的時間內，就會把碗洗淨跟烘乾。可是，在把碗放進去之前，還是得把碗裡的殘垢跟油漬大致沖洗過，雖然不算太辛苦，但是那些被客人燒乾的火鍋，有時候刷起來還是滿累的。

後來，因為事務所忙碌，婆婆來我們家幫忙時，會把碗洗乾淨再離開，我這幾年就很少洗到碗。直到大狀廚房私房料理開始營業，客人回家後，我跟阿富律師就得開始收拾殘局。

有次一群好朋友來我們家用餐，曲終人散時，其中一位學姊很不好意思，一直說要幫我們收乾淨再走，我跟她說：「哎喲！我們可是洗過上百人餐盤的老闆、老闆娘，這對我們來說真的是『小小的一塊蛋糕』。」

生活就是如此啊！如果是一定要做的事，我們不如調整心態，告訴自己，這就是一種修行，一種讓自己變得更好的修行。

帶小孩的時候，他們難免會吵會鬧，這時候，我會從中觀察，嘗試各種方式談判、引導，假裝自己正在練習跟個案的應對，每次都覺得自己好像談判技巧又更上一層樓了。

每次家人抱怨，我就會想像自己是個諮商心理師，學習傾聽、跳脫與理解，然後享受自己是專業人士的優越感，哈哈~

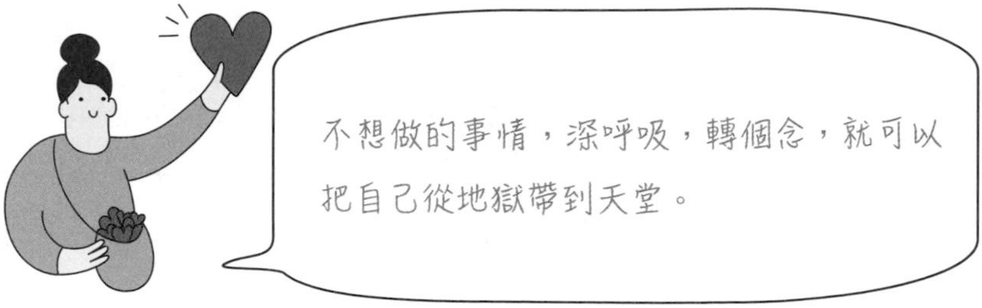
不想做的事情，深呼吸，轉個念，就可以把自己從地獄帶到天堂。

粉絲團後台的訊息常常五花八門，孩子不聽話的、老公不做家事的、朋友拆夥的、創業沒有方向的……還有人傳給我的第一句話是：「聽說這裡可以問事情？」

乍聽不太禮貌，下一秒轉念，就覺得對方也是無厘頭地可愛。

因此，我想要跟大家分享，事情當然永遠做不完，而且搞不好大部分都不是妳想做的事。但是，妳認為因為那是妳的責任、妳的義務，所以妳得做，所以妳覺得自己好苦。

但是，妳知道嗎？人的想像力是一種很神奇的東西。

當我在幫小孩洗澡時，我就想像自己跟孩子在玩水；當我回應網友稀奇古怪的問題時，我就想像自己在玩電動破關；當我遇到同仁出包時，我就想像自己是觀世音菩薩要普渡眾生……總之，生活中光是想像，就可以讓我們把很多不想做但得做的事情，變成自己做得如魚得水的事情，妳自然不會覺得，每天都忙得庸庸碌碌，然後很多夢想都沒辦法完成。

想做的事情就去做，即使是五分鐘也好，也當作自己做了五小時。不想做的事情，深呼吸，轉個念，就可以把自己從地獄帶到天堂。

總之，就從現在開始，不管是要交工作簡報的、要外出送包裹的、要帶小孩去看牙醫的，恭喜妳，其實妳正在做一件有趣的事。甚至準備要被客戶老闆罵的，就當作妳正要出發去動物園看獅子、老虎！生活中處處是觀察，就像以前學生時代念到的那句話「落花水面皆文章」。有什麼理由覺得自己命苦呢？

生活就是如此啊！如果是一定要做的事，我們不如調整心態，告訴自己，這就是一種修行，一種讓自己變得更好的修行。

一個主軸，多點發展
幫助小家庭翻身的上班族媽咪

Podcast 搜尋：精算媽咪的家計簿
臉書搜尋：精算媽咪珊迪兔 - 小家庭翻身手札
斜槓身分：上班族／Podcast 播客／網站地圖規劃及行銷

「因為家裡之前的那些事，讓我覺得財務現在對我來說不是最重要的事，而是家庭氣氛的和諧……但是，要維持家庭氣氛的和諧，卻必須有財務的支撐。所以，我決定將自己記帳的心得、接案的方法，以及債務整合的經驗，用 Podcast 的方式分享給聽眾。」

珊迪兔一開始聊她的 Podcast 節目起點，其實有點欲言又止。原來是幾

年前家裡的一場財務風暴，讓她改變了自己的人生觀與價值觀，重新找回自己生活的重心。

從 Podcast 開始經營個人品牌

珊迪兔是我認識的斜槓主婦裡難得從 Podcast 開始經營個人品牌的，一般來說，因為客群設定的因素，我都會建議身旁的媽媽們從 Facebook 開始經營，因為入手最簡單，再加上使用者年紀也與媽媽們較相符，比較容易投其所好，而且 Facebook 目前還是屬於行銷界公認轉換率最高的

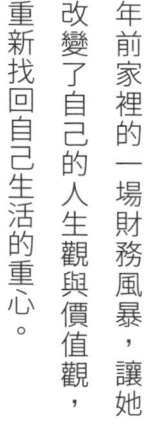

社群媒體。

不過，這次的訪談，讓心裡一直希望找時間創立 Podcast 節目、訪問斜槓媽媽卻遲遲未下手的我，加強了趕快經營 Podcast 跨界發展的信心。

「早年家裡在開婚宴會館的時候，我因為想幫家裡的生意更上一層樓，所以開始研究行銷相關技巧，也認識一些開行銷公司的朋友。有一天朋友因為手上開課的講師臨時有事，就拜託我緊急代打，我雖然沒有演講的經驗，但想說先接了再說，之後再想辦法做到，我就是這種個性的人。我還記得第一次上台的時候講得很爛，我就老實跟台下那些新創以及品牌再造的公司說：『我們這些自己出來做生意、做品牌的人，不能第一時間就跟自己說不行，而是要試過很多次，或是找到可以的方法，到窮盡一切方法證實自己不行才放棄。就像我知道自己講得不好，還是接了演講，但是我願意把我的經驗，跟過去做到了哪些事情分享給大家。』結果，雖然我不是專業的講者，他們還是可以接受。」

就這樣，珊迪兔開始了她的第一個斜槓——幫管顧公司承接的政府標案擔任社群行銷講師。後來，家裡的事業出現了財務危機，為了變現，分店一直收掉，她為了有更多的現金流，到處詢問身邊的朋友，以她的社群及行銷經驗，有什麼可以做的，自己對外瘋狂找案子來做。

「很多人問我，當時財務遇到那麼大的困難，花了多少時間讓自己心靈重建，我老實說，當妳遇到真的讓人焦頭爛額的困難，妳哪有時間思考恢復這件事，當然是立刻忙著去解決問題，只有當夜深人靜一個人的時候，躲在棉被裡哭泣，然後早上一起床又得神采奕奕地去面對問題。」

即使深陷財務危機，珊迪兔還是把她可以掌握的現金，挪出一些來上課學習，像是投資、理財，或是行銷相關的課程來增加自己的技能，甚至連心靈成長的課程也去上，想把自己的狀態先調適好。這些課對她都很有幫助，讓她就像在汪洋中找到了浮木。

其實，我自己也看過不少因為家庭經濟狀況出現危機的女生們，最開始也是徬徨、焦慮，甚至有憂鬱的傾向，但很多人在掉到谷底之後，就會嘗試讓自己爬起來，從思考「自己失去什麼」轉念成「我現在能做些什麼」，來轉移注意力，也可以讓自己增強對傷痛的治癒力。

慢慢透過債務整合、協商解決家中財務危機的珊迪兔，目前是個上班族媽媽。最一開始經營 Podcast 只是想找個抒發的出口，她思量著自己要講些什麼，後來決定利用自己過去的經驗，告訴聽眾遇到各種財務狀況要怎麼解決，並分享家庭理財相關議題。有些朋友建議她把自己的故事帶進去，比較不會像一般的理財工具書，所以她連夫妻之間的財務要怎麼管理、女生賺比較多時該怎麼讓男生心裡比較舒服……等夫妻關係、人際溝通等話題也會談，節目名稱就叫「精算媽咪的家計簿」。

以主婦角度切入理財，出書、業配、接案收入多元

珊迪兔笑著說，她都是用家裡二〇一四年就買的老電腦收音，錄了幾集之後，老公覺得音質可以再好一點，他們就花了一千多塊買麥克風。結果，錄了二、三十集才發現，麥克風根本插錯孔，沒有起過作用。一年多前第

珊迪兔的斜槓心法

- 建議想要斜槓的媽媽們要認識自己，尋找自己的興趣，因為快樂的事才做得長久，如果以賺錢的目的為出發點，很難堅持下去。
- 斜槓不應該是沒有系統地尋找收入，而是應該先有一個主軸，再用這個主軸多方向發展，這樣才會有累積。就像我以主婦家計為主題，可以開課程、出書、做節目……這樣才會累積成果，也比較有成就感！我認識一個女生是全職媽媽，因為喜歡打毛線去上日本毛線課，後來一邊帶小孩一邊經營工作室，也過得很開心。
- 財務規劃請以自己想要的生活為起點，只要存好退休金，不要連累小孩，剩下的就快樂做自己想做的事。

一集放上去時，只有三個人聽；到現在，一些熱門主題可能會到三、四千人次收聽，其他集數也平均有一千五到兩千人次。她說，大約是從錄了三、四集開始有聽眾問問題，像是房貸、信貸等，也有單親媽媽詢問如何處理前夫的負債。

「會想到錄 Podcast，是因為平常下班之後要帶小孩沒空看手機，而 YouTube 螢幕關掉就沒有辦法播放，所以我就聽 Podcast 來吸收新知，像是『佐編的茶水間』，還有《我在家，我創業》作者凱若媽咪的節目我都很喜歡，不管在洗碗、洗奶瓶、餵奶都可以聽。」

很多媽咪問珊迪兔，要怎麼開始經營 Podcast？怎麼有時間？困不困難？她說，錄 Podcast 又不用化妝、打燈，剪接也很簡單！「我老公還去上課學後製，讓我有片頭、片尾，一開始緊張我都看逐字稿，錄久了也很習慣，看大綱就可以講得很順。每次兒子一睡著我就打開電腦開始錄，一開始太長，讀者會抱怨無法做重點，也沒那麼多時間，現在我就錄比較短，大概二十分鐘左右，錄到有一天，居然有出版社編輯聽到，就來找我出書。

他們覺得市面上談家庭理財的書比較少，我用主婦的角度切入，柔性又輕鬆，所以目前我也正在準備我的第一本新書囉！」

有些人可能會想，錄 Podcast 也算斜槓收入嗎？其實已經有廠商開始找珊迪兔業配，透過採訪創業故事或分享學習經驗的方式，來進行置入。

此外，目前珊迪兔也正在幫一位育兒老師協助線上課程網站，規劃網站地圖，將她的線下課程轉為線上，並做行銷導購，也算是接案的收入。

現在的珊迪兔脫離財務危機，開始思考怎麼設計自己的人生，擁有更美好的生活，也希望透過 Podcast 節目以及粉專「精算媽咪珊迪兔 - 小家庭翻身手札」的知識分享，讓更多小家庭夫妻也可以一起擁有斜槓快樂人生！

認識自己、定位自己、展現自己

找到優勢戰場，空姐單親媽咪的生活魅力

臉書搜尋：王怡文

斜槓身分：採訪編輯／社區大學講師／平台特約作者／文案撰寫／行銷企劃／家教班／翻譯

「年輕時，我是一個上市公司高階主管的祕書，後來考上了空服員，飛了兩年就因為懷孕，辭去工作當兩個孩子的全職媽媽，大概五年的時間。當時住在前夫的爸媽家，相處上有很多問題，我想搬出去，但前夫不想獨立，婚姻就慢慢出現狀況，他開始不給生活費，想逼我離開，把孩子留給他爸媽帶。我當然不願意，之後雙方累積的不滿與冷暴力，開始演變成頻繁的衝突。」意識到危險狀況，怡文先把孩子帶回娘家、找工作，開始進行離

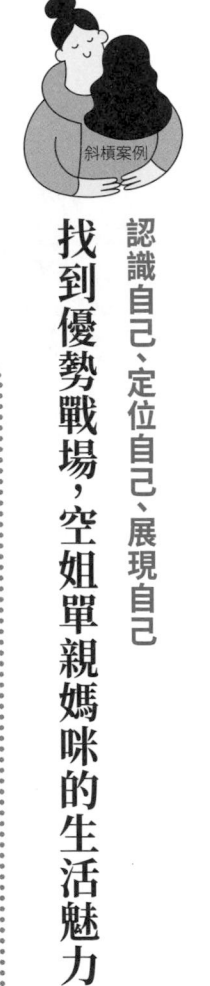

婚訴訟。在這過程裡，捨不得孩子被帶來帶去，後來怡文就帶著孩子連夜從高雄搬到台南，然後找房子自立。

以寫作和語言為起點，發展教學、翻譯、企劃等多種斜槓

很多人的斜槓是為了讓生活更精彩豐富，怡文的斜槓，則是為了找回自己的人生。其實，在我們律師事務所的案例中，並不乏這樣的例子，很多夫妻結婚後跟公婆住在一起，當相處上發生問題時，先生並不願意承擔、居中

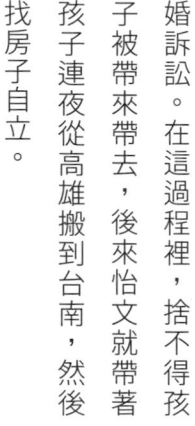

協調，或是為了太太著想搬出去，造成後來婚姻出現裂痕。如果，這時候太太是像怡文這樣離開職場多年的媽媽，當然是徬徨無助的，相對而言，就是要有破釜沉舟的決心。

當時離開夫家的怡文，決定定居在台南，但因為孩子的學籍在高雄，所以無法讓孩子在台南念公立幼兒園；她一方面要負擔住所的租金，一方面又要負擔私立幼兒園的學費，再加母子三人的生活費等開銷，以她當時的工作其實是入不敷出的，很需要多一點的收入。那時候曾有朋友介紹她經營直銷，她硬著頭皮經營，撐過三、四年之後，她又考到了空服員，再次開始飛中飛人的生活，並在評估後停止經營直銷。這當中她的親權官司一直在進行，跟前夫之間民事、刑事訴訟不斷，在這麼辛苦的狀況下，她就職的航空公司竟突然解散，讓她又失業了，她瞬間面臨經濟危機以及失去小孩的恐懼。

但這次的失業，讓她仔細盤點自己的資源，想想自己還能做些什麼。她想到，大學畢業後她曾當英文家教一段時間，因此嘗試轉教成人團體班；後來，她考上了國小代理教師，就在國小裡面開社團寫作課。此外，因為一直有寫作的習慣，有些朋友會請她寫文案、採訪稿、規劃 Facebook 粉絲頁甚至是行銷企劃，原本的語言專業也讓她有機會接一些體制外的教學課程，包括筆譯、英語家教或小班教學。最近，她還有一個新的發展，就是在社區大學開了一門名為「好生活魅力行」的課，課程核心是以自拍為媒介，引導學員好好看自己、認識自己、定位並展現自己，然後延伸到觀察自己和環境的關係與互動。

雖然沒有在經營粉專，但怡文平常會把自己這些生活經歷放在個人Facebook上，朋友看到相關聯的機會，都會轉介給她。

讓媽媽帶著孩子也能學習、成長

以寫作和語言為起點，發展出多種斜槓的怡文，因為過去的經歷，興起想要推行「生活美學概念」的想法，她說：「生活美學其實可以含括很多面向，像我在社區大學開設的『好生活魅力行』課程，其實是一個起點，因為我覺得很多女人，不管有沒有離婚，也不管是單身或是在婚姻裡面，我們都會忘記好好打理自己，生活就這樣一天天過去，越來越沒有感覺，有點可惜，我是希望藉著自拍課當起點，再用更系統化的方式擴大到不同領域，譬如像企業內訓等等。」

我自己非常喜歡怡文的理念。前一陣子我看了一部電影《她們》（*Little Women*），是文學名著《小婦人》再改編，劇情描述四姊妹生活在一個「女性的生涯就是婚姻」的年代，大部分的女性都是期望找個好丈夫（通常跟經濟背景有關），好好相夫教子。但劇中的四姊妹各有各的夢想，也嘗試在自己可以掌控的範圍內，為自己的幸福而努力。其中身為作家的二姐，因為有感於那個年代女性無法得到一個友善而合適的教育環境，所以在劇末時自己創辦了一間學校。

這幾年，因為經營社群的關係，我常常去找一些行銷課程來上，也發現，大部分的課並不是那麼適合媽媽或主婦；有的太過專業，有的時間太長，而且多數是沒辦法帶著小孩上課的。

過去，我也當過幾年的全職媽媽，很能夠體會，當媽媽以後因為忙著照

怡文的斜槓心法

- 想告訴跟我一樣走過一段難熬日子的媽媽，要相信，這一切都會過去，現在的狀況只是「現在」這段時間，妳要先把自己安頓好，才能照顧孩子，如果那個地方讓妳深陷泥沼，就要離開，把自己整理好。
- 斜槓的起初，都需要付出加倍的時間和心神，也因此，把斜槓建立在自己有興趣、有熱情的領域，才能做出讓人有感的產品或服務。如果還不確定自己的天賦、熱愛所在，記得花時間探索自己，找出自己最有優勢的戰場是必要的。
- 清楚自己要什麼，不是別人說妳要做什麼，或是妳不得不去做的事，要做妳真心想做的。

顧小孩，常常沒辦法做自己想做的事，更別說是學習成長。也是因為這樣，我才創立了「娘子軍」這個品牌，自己找場地、篩選講師，從我自己的立場出發，幫助媽媽們在兼顧家庭的前提下，撥空發展自己的生涯，針對主婦的需求跟要克服的困難，盡量找容易入門的課程，讓她們可以即時運用在自己的個人品牌經營上。最重要的是，讓媽媽可以帶著孩子來上課，就不會讓媽媽覺得自己因為帶小孩，沒辦法繼續成長。

我覺得媽媽創業都很容易有一種讓社會更好的理念，像怡文也說，她希望可以研發一套給全職媽媽的「自然發音法課程」，讓她們學會後，回去陪孩子學英文。因為她覺得坊間有太多補習班所教的自然發音法不夠紮實，很多媽媽也有學費上的考量，她希望學語言這麼好的事，不要被經濟能力限制住，給媽媽一套簡單上手的語言學習方式，可以自己教小孩，陪小孩時就不會一直滑手機囉。

斜槓主婦的觀察

❤在這邊建議還沒有粉專的人，其實也可以經營自己的個人Facebook。個人Facebook有很多妳的朋友，會捧場跟妳互動，妳也可以像怡文一樣，把自己在做或想做的事情寫出來，讓朋友提供需要的協助。

勇於轉彎&自我覺察，用創作表達自我

從「寶寶來了」到「畫說女人」的感性圖文作家

臉書搜尋：畫說女人

斜槓身分：大學老師／漫畫家／圖文創作者

「其實我的人生有滿多轉折的，有些奇妙的事甚至是在結婚前就已經發生。最早，我在媒體及電子商務業界工作了將近十年，跟前夫的婚姻也是維持了十幾年，雖然後來離了婚，但是還在一起時覺得自己是真的很愛對方，認為前夫就是自己的『真愛』！只是相處十幾年後，隨著年紀增長，漸漸發現彼此的觀念出現分歧，後來發現是自己歷練多了也成長了，和對方的想法開始有了落差，兩人開始有了距離，最終才選擇分開。」

在關係裡，覺察彼此的速度與距離

這次訪問斜槓議題，多數是在關係裡擔心自己成長不夠，腳步太慢的女性；而小雪則是少數在關係裡，覺得對方跟不上來的代表。這也讓我想到，即使再怎麼相愛，都要常常覺察，不僅是對自我的覺察，也包括對彼此之間距離的覺察。有時候是對方走遠了，有時候是自己走快了，當妳看到彼此之間開始談不上話了，就要思考一下，是妳該等對方，還是對方要等等妳。總之，就像爬山，如果有人落後、有人領先，最終就有可能出現選擇不同人生旅伴的結果。

而小雪的腳步，就是特別快的那一個。

曾經在台灣知名電商工作五年，眼見年薪三百萬已是可預期目標，小雪卻在當時出現一個感覺，想讓自己做一些改變，或許是因為工作遇到了瓶頸，同時，在感情生活上也有一點缺憾。

她決定辭掉工作、攻讀博士，花了五年的時間讀書及兼課，後來拿到博士學位，順利進了國立大學教書。

在進了國立大學的第一年，她有了寶寶，也在生產後決定要自己親自照顧孩子。在這段女人轉換為母親的過程，她開始意識到前夫已經不是她想要的人，兩人感情也越來越疏離，後來小雪看了律師娘的文章，覺得心有戚戚焉，到律師事務所諮詢之後，與前夫順利完成離婚協議；現在，和兒子兩人開心地過生活。

有個叫《寶寶來了》和《寶寶來了2.0》的網路幽默育兒漫畫，不知道大家看過嗎？那就是小雪的作品哦！她是在寶寶一歲時開始畫的，把懷孕、生小孩到育兒這段時間的辛苦畫出來，幫自己抒壓。照顧孩子的過程很辛苦，很多媽媽都是自己悶在心裡難過，小雪則是把這些感受畫出來，療癒自己，也療癒其他媽媽。

當時放棄年薪三百萬的工作去攻讀博士，讓小雪的收入變得很微薄，在大學兼課一個月的薪資大約只有一萬五千元，寒暑假還沒有收入，一直到攻讀完博士後，她才順利進入大學任教，有了比較穩定的收入與生活。

從創作中得到信心，也記錄心境轉折

即使半工半讀時期，她也去上了不少3D創作和電腦繪圖的課程，想把創作當成是自己的興趣，雖然在學生時代也有過單純愛畫圖的日子，但她從沒想過這件事能當飯吃。

「我第一本畫滑雪故事的漫畫作品《雪季》，獲得了二〇一一年的金漫獎最佳新人獎，並且拿了二十萬元的獎金。《雪季》是自費出版，但為了讓自己有創作的動力，所以當初找到想推廣滑雪活動的那魯灣旅行社，贊助了一半的印刷費。其實很多事情，我一開始並沒有要求當下有多少收益，或是值不值得做這件事，像《雪季》的出版其實並沒有賺錢，但創作那本書的最大效益，不是版稅，而是參加比賽得了獎——更重要的，是給了我後來的創作之路很大的信心。《雪季》對我來說，是一個很重要的創作起點。」

小雪很慶幸，當初毅然決然辭去年薪百萬的工作、跑去讀博士，還開始創作漫畫。這對她往後十年的人生來說，是一個很關鍵的轉折點，雖然一開始還被身邊的人取笑，無法理解她為什麼要做這個決定；但現在回頭看，小雪很慶幸當初自己有勇氣作了這個改變。

「我因為《雪季》進入漫畫界，也認識不少業界朋友，後來參加一個國際漫畫家活動『ICC世界漫畫家大會』，遇到日本富山縣觀光協會理事長松原吉隆，他邀請我幫富山縣創作一個故事《海風》。後來這個創作計畫還獲得文化部的補助，並讓我有了更多的創作信心和想法。」

小雪的《寶寶來了》和《寶寶來了2.0》系列漫畫作品，不管是書本身或粉專都很受歡迎，她卻不因此停止腳步。在孩子大了一點之後，小雪把重心回歸到自己身上，甚至把粉專改名「畫說女人」，創作面向也隨之回到自己身上，開始創作女性話題，有時候也探討自己的一些感情觀。離婚三年的她，心境有很大的轉折，她也把這部分轉換成創作。

通常離婚這件事，對女人來說，像是要告訴天下人，我不幸福，對女人是很大的衝擊。小雪那時候離婚，也有這樣的感傷，但她用創作方式來抒壓。

其實，在離婚當下，沒有人會是有自信的，多數的人內心會很壓抑，所以那時小雪的創作上也有憤怒等負面情緒；後來她從新的對象身上，學了

小雪的斜槓心法

❤對我來說，每一個人都有故事，也都可以成為創作者，圖像創作並不需要什麼特別複雜的技巧，只要妳有想法和熱忱願意跟大家分享。此外，生活經歷和身邊接觸到的人事物，都可以是創作的來源，像我就是因為當了媽之後有一堆的育兒心得，才開始創作《寶寶來了》系列。我的興趣、家人、小孩、朋友，和曾經養過的寵物，都是我創作靈感的泉源（另一部線上連載漫畫作品《柴犬週記》是講述自己和愛犬的故事；也因為多年潛水和研究海洋生物的興趣，近期創作了三集海洋生物愛情故事——「海洋生物超有事！」VR漫畫作品）。如果大家想成為圖文創作者，隨時隨地都可以提起筆來創作，現在有很多電腦或手機軟體都能很方便地創作，像我的《寶寶來了》系列創作，全部都是用手機畫的（因為當媽實在是太忙碌了）；創作初期，不用太在意畫得好不好或有沒有回饋，等累積到一定的創作量，成果自然慢慢就會浮現哦！

一些新的東西，也漸漸了解自己真正想要的是什麼。

「離婚後，從當初的假裝堅強，到現在的自信和追求自我，我覺得我自己成長了許多。我現在只想過自己想要的人生，不留下任何遺憾，像最近也在幫我的母親寫人生故事，因為她有許多不可思議和正念的故事想和大家分享，這系列故事叫『外婆傳說』，已陸續發表在粉專上，也受到滿多人的喜愛。」

不知道聽完小雪故事的妳，是不是也有衝動或勇氣，用創作說出自己的人生呢？

斜槓主婦的觀察

♥ 當人生走到某個階段，妳感受到前所未有的徬徨時，請相信那是必經的過程，是毛毛蟲蛻變成蝴蝶的一段時期。耐心等待，覺察自我，終有一天，會走出人生的新格局。小雪認真面對自己每個人生階段的轉變，讓她每一次的沉潛，都孕育了更大的能量。

了解自己的優缺點，做有興趣的事，才有精神投入

多元發展的單親媽媽小芮

臉書搜尋：我單身我是一個孩子的媽
斜槓身分：人力資源／香港銀飾代購／企業內訓講師

小芮目前是一位單親媽媽，手上有個副業是代購香港、美國、澳洲的商品，下一步正規劃創立自己的面膜品牌；同時她還是一位企業內訓的講師，這部分主要是她過去曾在飯店工作滿長一段時間，對於飯店的服務流程很熟悉，剛好朋友加入一間新開的飯店，需要有人在新創之初協助飯店人員建構服務流程，所以就找她幫忙處理，同時也對飯店內的人員授課。通常規模不大的飯店，人力資源部門的人數比較少，不見得有人手能從事這部

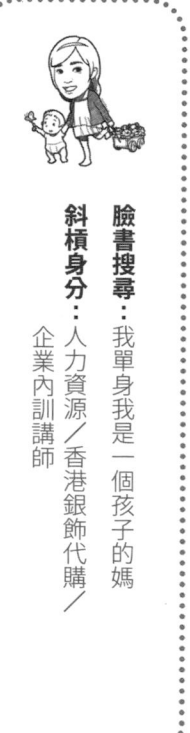

分的工作，所以目前她有比較多時間，都著力在這部分的課程。

從自己的需求轉換成商業模式

其實，在小芮結婚之前，她原本就是很斜槓的女青年，正職是從事人力資源的專員，此外也從事很多副業，像是因為自己單身想多認識朋友，就跟朋友一起創業成立了一個聯誼社團，舉辦單身聯誼活動。

「當年這樣的產業還沒有很興盛，我和單身朋友去參加的聯誼活動都很無聊，所以覺得或許可以自己來籌辦一些有趣的活動，最後就變成一個副業發展。」小芮這麼說。

我也很喜歡像這樣，把自己的需求轉化為商業模式。像是因為當了多年的家庭主婦，很少接觸外界，後來因為上了網路行銷的課程、經營粉專有一些成果，讓我愛上了「上課」，所以才成立了「娘子軍」這個學習成長沙龍，讓家庭主婦可以一起上課。

我會挑適合主婦斜槓的課程，譬如說社群經營、個人品牌建立、手機攝影、影片剪輯……並且歡迎媽媽帶著孩子來上課。又因為自己愛看書卻又常怠惰，就辦讀書會，逼自己撥出時間閱讀分享；自己不會理財，常常搞不懂身上有多少錢、賺多少錢，乾脆就去修習財產規劃師的課程，打算以後多一個斜槓，也讓自己更有資產配置的概念。未來，我還打算進修創業顧問、職涯規劃師的認證，讓自己的專業技能可以幫助更多媽媽或主婦，甚至，我還想開辦一個理財討論團呢！

我覺得女生在結婚之後，很容易大幅度改變自己的生活模式，特別是生完小孩，幾乎都以家庭為主，很多自己想做的事都不能做。相反地，男生則比較容易放過自己，跟朋友的吃喝玩樂還是照常，甚至中年危機開始之後，還有不少會脫離正軌，想掙脫家庭的責任，去追求自己的夢想或新的伴侶——建議女生，一定保留一些空間給自己，否則很容易在中年之後，跟老公漸行漸遠，心懷怨懟。

小芮在第一段婚姻裡，也是因為當時的先生反對她繼續參加、籌辦這些聯誼活動，而停擺了副業。「其實，那時已有賺錢的規模，」小芮說：「而且，在婚姻中的那兩年，工作也不順利，雖然一度找到不錯的新工作，但我想很多主婦可能跟我有相同的經驗，當妳在家操持家務一段時間，再回到職場上的時候，先生會覺得妳家裡的事不像之前全職在家做得那麼好，比如說，衣服沒那麼常洗，家裡沒以前乾淨等等，難免有一些抱怨。女生在婚姻當中常有一些弱勢，如果妳是全職媽媽，家裡好的、壞的很多問題，都會是妳的責任。」（小芮說的這部分我完全懂啊！）

小芮是在結婚兩年後，先生提到差不多好像該生孩子了，她覺得如果像過去一樣，對工作太投入，或是工作的時間不穩定，將來小孩出生可能會有無法兼顧的問題，所以為家庭做出了一些取捨，把原本忙碌的工作，轉換成薪水較低，但穩定性高，能準時上下班的工作。但也因為這個選擇，讓她在婚姻中與先生感情轉變的時候，突然覺得很慌張，想到自己如果要離婚，當前的收入要支付包含養小孩的生活開銷，是不夠的。

即使如此，她還是在有了小孩後，選擇結束那段關係已經破碎的婚姻，並在離婚後拾回副業。

代購海外飾品、擔任講師也開啟面膜事業

小芮說，剛離婚的她找工作很困難，整整找了快一年，但在一次偶然的機會中，注意到台灣女生對香港銀飾品的代購有個市場缺口。她是個有商業嗅覺性的人，看到Facebook很多媽媽在詢問香港銀飾品牌正生的開團，她就請朋友去香港時幫她看貨，再請朋友代購回來一起賣，結果一在Facebook上開賣就迅速被搶空。

「因為那時候朋友每個月都會去香港出差，我們就固定進行代購，也成立Facebook社團。那時小孩剛出生，才七、八個月大而已，當時我的經濟能力與生活狀況沒有辦法自己單獨照顧孩子，所以白天要上班，下班就要去已經離婚的前婆家顧小孩；晚上離開前婆家後，就回家處理社團的代購業務。第一、二年營業額真的很好，每個月跟朋友對分，還比上班薪水好。有了那個收入，對當時一邊工作又要照顧孩子的我，減輕了不少負擔。」

在代購副業穩定後，小芮打算辭去原本月薪三萬多塊的工作，所以辦了育嬰留職停薪。正好有另一個工作找她去面試，老闆沒有問她的家庭狀況

就讓她進了公司，新工作不但穩定，老闆在了解她的狀況後也表示體諒。換工作後，小芮用全部的收入買了一間小套房，總算有能力把孩子接回來自己照顧了。而她接下來的新斜槓，就是當企業內訓講師和面膜事業，目前她正在研究法規面的問題，以及找工廠來進行自己的品牌，祝福她重新開始她和孩子的美好人生囉！

小芮的斜槓心法

♥ 想要斜槓時，要了解自己的優缺點，並搭配自己的興趣，當妳有興趣時，就會有更多的精神去投入！

附錄／

創業相關資源

一、資訊&社群交流平台

◎女性創業飛雁計畫網站
woman.sysme.org.tw
www.facebook.com/sysmewoman

◎全國商工行政服務入口網
gcis.nat.gov.tw/mainNew/index.jsp

◎中小企業財會諮詢服務網
0800056476.sme.gov.tw

◎律師娘講悄悄話
www.facebook.com/lawyerwife

◎娘子軍創業共學團
www.facebook.com/groups/everywife

◎ Shannon 浦孟涵 - 台版米蘭達的創業筆記
www.facebook.com/shannononwork

◎創業 加盟 資訊情報團
www.facebook.com/Undertaking.tw

◎知蜜。女性創業社群
www.facebook.com/zhimi.tw

◎非常木蘭
www.verymulan.com
www.facebook.com/verymulan

◎婦女聯合網站／女性創業資訊
www.iwomenweb.org.tw/Content_List.aspx?n=659D60199359DC39

◎社團法人中華創業育成協會
www.cbia.org.tw

◎創業小聚 Meet Startup
www.facebook.com/MeetStartup

◎開吧 Let's Open- 餐飲創業加速器
www.facebook.com/letsopen0828

◎餐飲 創業 加盟 連鎖 資訊社團
www.facebook.com/groups/789422357808502

二、經營能力養成

◎新創圓夢網
sme.moeasmea.gov.tw/startup
www.facebook.com/StartUpTaiwan

◎中小企業頭家 E 就發
www.198.org.tw

◎微型創業鳳凰網
beboss.wda.gov.tw

◎新創採購
www.spp.org.tw/spp

◎創育加速卓越服務網
incubator.moeasmea.gov.tw

◎臺灣電子商務暨創業聯誼會
www.facebook.com/tesa.today

◎品牌行銷學
www.facebook.com/branding.tw

◎中小企業網路大學校
www.smelearning.org.tw

◎ CLBL x 台灣夯創業
clbc.tw/ 創業課程列表頁

◎青創學院
www.careernet.org.tw/n

◎創業及事業經營課程分享
www.facebook.com/groups/start.up.knowledge

◎天地人文創
www.tiandiren.tw
www.facebook.com/tiandiren.institute

◎文案人聊文案事
www.facebook.com/groups/smartCopywriting

◎文案的美
www.facebook.com/smartCopywriting

三、創業貸款或補助

◎經濟部中小企業處「青年創業及啟動金貸款」專區
www.moeasmea.gov.tw/article-tw-2570-4238

◎經濟部中小企業處「創新發展專案貸款」專區
www.moeasmea.gov.tw/article-tw-2570-4235

◎ FINDIT 早期資金資訊平台
findit.org.tw

◎創業資源分享平台
www.facebook.com/ZhengFuZiYuanFenXiangPingTai

◎創新創業激勵計畫
fiti.stpi.narl.org.tw
www.facebook.com/FromIPtoIPO.2013

◎ SparkLabs Taipei
www.sparklabstaipei.com
www.facebook.com/sparklabstaipei

◎教育部青年署 U-start 計畫
ustart.yda.gov.tw
www.facebook.com/USTARTFans

◎新女力創業加速器
www.facebook.com/ 新女力創業加速器 -115370192451308

國家圖書館出版品預行編目資料

主婦的斜槓人生：律師娘教妳重新定位自己，創造額外收入，打破人生天花板 / 林靜如（律師娘）著 . -- 初版 . -- 臺北市 : 日月文化 , 2021.4
272 面 ; 14.7*21 公分 . --（大好時光 ; 41）
ISBN 978-986-248-952-9（平裝）

1. 生活指導 2. 職場成功法 3. 婦女

177.2　　110002913

大好時光 41

主婦的斜槓人生

律師娘教妳重新定位自己，創造額外收入，打破人生天花板

作　　者：林靜如（律師娘）
主　　編：俞聖柔
校　　對：俞聖柔、張召儀
封面設計：朱疋
美術設計：LittleWork 編輯設計室

發 行 人：洪祺祥
副總經理：洪偉傑
副總編輯：謝美玲
法律顧問：建大法律事務所
財務顧問：高威會計師事務所
出　　版：日月文化出版股份有限公司
製　　作：大好書屋
地　　址：台北市信義路三段 151 號 8 樓
電　　話：(02)2708-5509　傳　　真：(02)2708-6157
客服信箱：service@heliopolis.com.tw
網　　址：www.heliopolis.com.tw
郵撥帳號：19716071 日月文化出版股份有限公司

總 經 銷：聯合發行股份有限公司
電　　話：(02)2917-8022　傳　　真：(02)2915-7212
印　　刷：禾耕彩色印刷事業有限公司
初　　版：2021 年 4 月
初版四刷：2021 年 6 月
定　　價：350 元
I S B N：978-986-248-952-9

生命，因**閱讀**而**大好**